Hg. v. Olaf Zimmermann und Theo Geißler

Die Kirchen, die unbekannte kulturpolitische Macht

Redaktion: Gabriele Schulz

DEUTSCHER KULTURRAT

Die Kirchen, die unbekannte kulturpolitische Macht. Hg. v. Olaf Zimmermann und Theo Geißler.
Redaktion: Gabriele Schulz

Nachdruck von Beiträgen aus *politik und kultur*, der Zeitung des Deutschen Kulturrates

Gefördert aus Mitteln des Beauftragten der Bundesregierung für Kultur und Medien

Bibliographische Information Der Deutschen Nationalbibliothek
Die Deutsche Nationalbibliothek verzeichnet diese Publikation in der Deutschen Nationalbibliographie; detaillierte bibliographische Daten sind im Internet über *http://dnb.ddb.de* abrufbar.

1. Auflage Berlin November 2007

Deutscher Kulturrat e.V.
Chausseestraße 103
10115 Berlin
Tel. 030/24 72 80 14
Fax: 030/24 72 12 45
Email: post@kulturrat.de
Internet: http://www.kulturrat.de

ISBN: 978-3-934868-14-4
ISSN: 1865-2689

Inhaltsverzeichnis

Seite

Vorwort

Die Kirchen, die unbekannte kulturpolitische Macht

Die Kirchen sind eine weitgehend unbekannte kulturpolitische Macht in Deutschland. Auch in *politik und kultur*, der Zeitung des Deutschen Kulturrates wurde sich nur in großen Abständen und in einzelnen Artikeln mit dem Thema Kultur und Kirche beschäftigt. Mit einem Schwerpunkt in *politik und kultur* im September 2006 haben wir diese „Vernachlässigung" aufgegeben und die Kirchen und ihr Verhältnis zu Kunst und Kultur ausführlicher vorgestellt und diskutiert. Ziel dieser Schwerpunktsetzung war es, im kulturpolitischen Bereich die Sinne zu schärfen, dass in der Zukunft die Kirchen bei kulturpolitischen Fragen öfter mitgedacht werden.

Kirche als einen der bedeutendsten Orte der Kultur zu zeigen, ist ein gewagtes Unterfangen in einer Zeit der religiösen Auseinandersetzungen, der Debatten um Leitkultur, des oftmals religiös motivierten „Kampfes der Kulturen". Sechs Gründe haben mich dazu bewogen, das Experiment trotzdem zu wagen:

1. Gesellschaft und Kirche

Die Wirkungen der beiden großen christlichen Kirchen auf das kulturelle Leben in Deutschland sind allerorts zu spüren. Sie beschränken sich nicht auf die Mitglieder der Kirchen, sondern haben ein universelles gesellschaftliches Gepräge. In der kulturpolitischen Debatte spielt dieser Umstand eine erstaunlich geringe Rolle.

2. Kulturförderung und Kirche

Die Kirchen gehören laut eines Gutachtens von Matthias Theodor Vogt und anderen für die Enquete-Kommission „Kultur in Deutschland" des Deutschen Bundestages ausweislich ihrer finanziellen Aufwendungen zu den zentralen kulturpolitischen Akteuren in Deutschland. Die Gutachter schätzen die Kulturfördermittel der Kirchen auf ca. 4,4 Milliarden Euro im Jahr ein. Die Kirchen setzen, so schreiben die Gutachter weiter, vermutlich etwa 20 % ihrer Kirchensteuern und Vermögenserlöse für ihre kulturellen Aktivitäten ein. Die Kirchen liegen mit diesen Aufwendungen für Kultur im Vergleich der öffentlichen Ebenen auf einem der vorderen Plätze, mindestens aber gleichauf mit den Gemeinden (3,5 Milliarden Euro) und Ländern (3,4 Milliarden Euro). Bei insgesamt knapp 8 Milliarden Euro staatlicher Kulturförderung des Bundes, der Länder und Gemeinden 2004 spielen die Kirchen eindeutig die herausragende Rolle bei der Kulturfinanzierung außerhalb des Staates.

3. Künstler und Kirche

Doch diese nackten Zahlen zeigen nicht die wahre Bedeutung des Verhältnisses von Kultur und Kirche. Die Kirchen haben die Künste über viele Jahrhunderte geprägt, befördert und behindert. Sie waren und sind, heute in erheblich kleinerem Umfang als früher, Auftraggeber für Maler, Bildhauer und Komponisten. Viele dieser Auftragswerke sind heute der Kanon unserer Kunst.

4. Kunst und Kirche

Kunst und Kirche ist ein Verhältnis voll Spannungen, Nähe und Widersprüchen. Kunst in der Kirche hat einen Auftrag: Verkündigung. Zeitgenössische Kunst will oft „auftragslos" sein. Auftragslos bedeutet aber nicht ziellos. Dieses Spannungsverhältnis ist äußerst inspirierend.

5. Sichtbarkeit der Kirche

Alleine die 45.000 Kirchengebäude der evangelischen und der katholischen Kirche prägen für jeden sichtbar das Gesicht des Landes deutlich mit und ca. 100.000 Glocken rufen unüberhörbar, manchmal zum Ärger einiger Anwohner, besonders Sonntagmorgens zum Gottesdienst. Ein Dorf ohne Kirche ist kein richtiges Dorf. Selbst in der weitgehend atheistischen Uckermark kämpfen die Menschen um „ihre" Dorfkirchen. Kirchengebäude sind weit mehr als ein Vereinsheim für Kirchenmitglieder.

6. Persönliches

In meiner Kindheit gab es nur einen kulturellen Ort, die Kirche in der Nachbargemeinde. Diese Kirche, 1816-1819 erbaut, ist eine der wenigen Rundkirchen nördlich der Alpen und die Einzige, die ich kenne, bei der sich der Altar in der Mitte des Raumes befindet. Im Inneren der Kirche bestimmen zehn dicke, gekehlte Säulen das Bild, die in ihrer Einfachheit, ohne jede Verzierung für mich noch heute das Sinnbild für Protestantismus sind. Diese Kirche bestimmte das Leben von drei Gemeinden. Optisch, stolz sichtbar in die hügelige Landschaft des nördlichen Taunus gelegen, als Kristallisationspunkt in der sonst eher unübersichtlichen Gegend. Und inhaltlich als der Ort der Musik, der Orgel, des Gesanges und der Besinnlichkeit und des Denkens. Andere kulturelle Orte gab es nicht.

Die Resonanz auf den Schwerpunkt „Kultur und Kirche" in *politik und kultur* im Sommer 2006 war überraschend groß. Es entwickelte sich eine spannende Debatte über die Kirchen als unbekannter kulturpolitischer Macht, die bis heute in jeder Ausgabe von *politik und kultur*, jetzt in einer eigenen festen Rubrik, ihren Niederschlag findet. Mit der Vorlage der Zusammenstellung den in *politik und kultur* erschienen Texte zum Thema „Kultur und Kirche" in dem vorliegenden Buch kommen wir einer zahlreich geäußerten Bitte unserer Leser nach.

Die in diesem Buch veröffentlichen Texte beleuchten einen Ausschnitt der Kultur in Deutschland. Zur Bedeutung der nicht-christlichen Religionsgemeinschaften ist damit nichts gesagt. Besonders das Judentum hat weit reichende Wirkungen auf unsere Kultur und zunehmend erhalten die muslimischen Religionsgemeinschaften Bedeutung. Mit der Ausgabe September/Oktober von *politik und kultur* haben wir begonnen, das Verhältnis von Kultur und Judentum stärker in den Blick zu nehmen.

Ohne die gute Zusammenarbeit mit der Kulturbeauftragten der Evangelischen Kirche Deutschlands Petra Bahr, Uta Losem vom Katholischen Büro in Berlin und Jakob Johannes Koch, Kulturreferent im Sekretariat der Deutschen Bischofskonferenz wäre die Arbeit an dem Schwerpunkt „Kultur und Kirche" nicht zu leisten gewesen. Ihnen möchte ich für ihr Engagement herzlich danken. Danken möchte ich auch meinem Kollegen in der Enquete-Kommission des Deutschen Bundestags „Kultur in Deutschland" Prof. Dr. Thomas Sternberg, MdL, der bei fast jedem diskutierten Thema die Mitglieder der Enquete-Kommission auffordert, die Kirchen nicht zu vergessen. Recht hat er.

Olaf Zimmermann
Herausgeber von politik und kultur
Geschäftsführer des Deutschen Kulturrates

Einführung

Im August 2006 wurde die Ausgabe 5/2006 von *politik und kultur*, der Zeitung des Deutschen Kulturrates, mit dem Schwerpunkt „Kultur und Kirche" in einem Pressegespräch der Öffentlichkeit vorgestellt. An diesem Pressegespräch nahmen auch die Kulturbeauftragte der EKD, Petra Bahr, und der Kulturreferent der Deutschen Bischofskonferenz, Jakob Johannes Koch, teil. In dem Pressegespräch wurde der Kulturreferent der Deutschen Bischofskonferenz Herr Koch auf die Äußerung eines Bischofs zu Kulturfragen angesprochen. An den genauen Wortlaut der Frage kann ich mich nicht mehr erinnern, sehr wohl erinnere ich mich an die selbstbewusste, keineswegs arrogante, sondern von einem tiefen Selbstverständnis getragene Antwort des Kulturreferenten, dass die Kirche auf 2000 Jahre Geschichte zurückblicke und vor diesem Hintergrund, die aktuelle Kritik verblasse. Dieses Selbstbewusstsein lässt aufhorchen und auch kritische Fragen stellen.

2000 Jahre Christentum, 2000 Jahre Kirche sind auch 2000 Jahre eines Spannungsverhältnisses von Mythos, Kult, Kultur und Kirche. Eines Spannungsverhältnisses, das zwischen Unterdrückung und Förderung der Künste oszilliert. Ohne Klöster hätten die wertvollen christlichen, aber auch säkularen Texte des Mittelalters nicht überlebt. Hier wurden Dichtungen wie das Nibelungenlied oder die Carmina Burana (Lieder aus Benediktbeuren) niedergeschrieben und bewahrt. Zugleich wurde im frühen Mittelalter mit der Christianisierung und der Verbreitung des Christentums als Leitkultur die bestehende Kultur und Religion der germanischen Stämme zerstört. Gleichzeitig wurde mit der Übersetzung lateinisch-christlicher Begriffe in das Alt- bzw. Mittelhochdeutsche die Sprache und Dichtung weiterentwickelt. Ein Prozess, der mit der Übersetzung der Bibel in das Neuhochdeutsche durch Martin Luther einen besonderen Kristallisationspunkt fand. Bertolt Brecht, ein Schriftsteller, der gewiss nicht besonderer Frömmigkeit verdächtigt wird, soll einmal die Luther-Bibel als das inspirierendste Buch genannt haben, da sie voller spannender Geschichten und die Sprache außerordentlich beeindruckend sei. – Heute in einer weitgehend säkularisierten deutschen Mehrheitsgesellschaft mag diese Äußerung erstaunen. – Auch in anderen künstlerischen Sparten lassen sich zahlreiche Beispiele des Spannungsverhältnisse von Kultur und Kirche finden. Die biblischen Geschichten sowie die Geschichten der Heiligen sind Motive für bildende Künstler durch alle Epochen, sei es als Preis des Herrn bzw. Illustration oder als bewusste Provokation, wie z.B. ein Tryptychon von Max Ernst, das im Museum Ludwig in Köln zu sehen ist. Die Pop- und Rockmusik wurde gerade von den Kirchen zunächst verachtet und als jugendgefährdend betrachtet. Einige Zeit später wurde die moderne Kirchenmusik für den Gottesdienst von der Popmusik stark beeinflusst. Ein Rockmusiker wie Heinz Rudolf Kunze schrieb das Lied für den Evangelischen Kirchentag 2005 in Hannover.

Trotz der Wechselwirkung von Kultur und Kirche – gerade in der Vergangenheit – spielen die Kirchen heute in den kulturpolitischen Debatten eine eher untergeordnete Rolle. Mit dem Schwerpunkt „Kultur und Kirche" in der Ausgabe September-Oktober 2006 von *politik und kultur* sollte aufgezeigt werden, wie vielgestaltig das kulturelle Leben der Kirchen ist und welches Menschenbild dahinter steht. Der Schwerpunkt fand eine so große Resonanz, dass in den nachfolgenden Ausgaben von *politik und kultur* das Thema von unterschiedlichen Seiten weiter beleuchtet wurde. Für dieses Buch wurden die Beiträge nach vier Gesichtspunkten – Kirche und Kultur, Kirche und kulturelles Leben, Kirche und Kunst, Daten und Fakten zum Kulturengagement der Kirchen – neu zusammengestellt. Die Texte als solche sind allerdings unveränderte Nachdrucke.

Kirche und Kultur

In diesem Kapitel finden sich Beiträge, die sich grundsätzlich mit dem Verhältnis von Kultur und Kirche auseinandersetzen. Der Vorsitzende der Deutschen Bischofskonferenz *Karl Kardinal Lehmann* zeigt in seinem Beitrag auf, welche Bedeutung Kultur in der Kirche hat und wie viele Mittel dafür verwandt werden. *Wolfgang Huber*, Ratsvorsitzender der EKD, setzt sich damit auseinander, welche Rolle Kultur im Reformprozess der Evangelischen Kirche spielt und welche Impulse gerade die Kultur diesem Reformprozess geben kann. *Johannes Friedrich* und *Heinrich Mussinghoff* stellen in ihren Beiträgen heraus, welches Menschenbild dem Kulturengagement der Kirchen zugrunde liegt. Mit den Fragen der „Leitkultur", der Rolle des Christentums und der Kirchen in einer weitgehend säkularisierten deutschen Mehrheitsgesellschaft sowie mit dem Beitrag der Kirchen zum Dialog der Kulturen setzen sich *Max Fuchs*, *Armin Conrad* und *Katrin Göring-Eckardt* auseinander. In diesen Beiträgen wird deutlich, dass neben den Kirchen seit der Aufklärung eine eigene ethische und moralische Instanz existiert, die den Kirchen eher kritisch gegenüber steht. Katrin Göring-Eckardt fordert dabei vehement den kulturellen Dialog, der ihrer Ansicht nach auch ein Dialog der Religionen sein muss, ein. Wiederum sehr pragmatisch wirft *Thomas Sternberg* die Frage auf, was ein Vertreter der Kirchen in der Enquete-Kommission „Kultur in Deutschland" des Deutschen Bundestages leisten kann. Wie viel ein Vertreter der Kirchen leisten kann, wird vor allem daran deutlich, wenn bedacht wird, dass die Schwerpunktausgabe Kultur und Kirche in *politik und kultur* nicht zuletzt auf die Debatten in der Enquete-Kommission zur kulturellen Bedeutung der Kirchen zurückgeht. Mit dem Reformprozess der Evangelischen Kirche befassen sich *Olaf Zimmermann* und *Christhard-Georg Neubert*. Sie fordern ein, dass sich die Kirchen als selbstbewusste kulturpolitische Akteure präsentieren und ihre Häuser auch für Nichtchristen öffnen sollen. Auf innerprotestantische Debatten gehen *Hartmut Spiesecke* und *Jörg Schmidt* ein. Hartmut Spiesecke sieht Chancen in einer stärkeren Auseinandersetzung der Kirchen mit dem Pietismus und eine stärkere Öffnung der Pietisten für die Amtskirche. Jörg Schmid erläutert die Intention des „Bilderverbots" bei den Reformierten.

Kirche und kulturelles Leben

In diesem Kapitel sind Beiträge zusammengestellt, die die Kulturaktivitäten der Katholischen und der Evangelischen Kirche vorstellen. Einführend erläutert *Petra Bahr*, dass religiöse Bildung und kulturelle Bildung eng miteinander verbunden seien, da viele Kunstwerke ohne religiöse Bildung kaum verständlich sind. Religiöse Bildung eröffnet also den Zugang zu Kunst und Kultur. *Jakob Johannes Koch* und *Martin Schindehütte* stellen das Engagement der Kirchen in der Auswärtigen Kulturpolitik vor. Dabei präsentiert Jakob Johannes Koch die Katholische Kirche als Weltkirche. Im Mittelpunkt der Beiträge von *Katharina Winnekes* und *Christhard-Georg Neubert* steht das Engagement der Kirchen im Bereich der Bildenden Kunst. Katharina Winnekes hebt dabei v.a. auf die Dom- und Schatzkammern sowie die Museen ab, wohingegen sich Christhard-Georg Neubert auf die Profilierung von Kirchen als Kulturkirchen konzentriert. Die Büchereiarbeit der Kirchen wird von *Rolf Pitsch* in zwei Beiträgen vorgestellt. Rolf Pitsch geht dabei auch auf die Herausforderung ein, dass die kirchlichen Büchereien ein spezifisches Profil ausbilden müssen. Welche Bedeutung Kirchenräume für die Menschen haben, wie neue Kirchenbauten aussehen können, wie mit nicht mehr für den Gottesdienst genutzten Kirchengebäuden umgegangen werden kann und wie Kirchengebäude zu kulturellen Zentren im Osten Deutschlands werden, obwohl nur wenige Bewohner einer der Kirchen angehören, steht im Mittelpunkt der Beiträge von *Walter Zahner*, *Helge Adolphsen* und *Peter Maser*. Die Film- und Medienarbeit beider Kirchen wird von *Karsten Visarius* umrissen. Mit der Bedeutung der Kirchenmusik für das Leben in der Kirchengemeinde, in der Kommune und im Bereich des bürgerschaftlichen Engagements befassen sich *Marius Schwemmer* und *Jochen Arnold*. In ihrem Beitrag wird deutlich, wie weit gefächert das Spektrum der Kirchenmusik ist.

Kirche und Kunst

Scheinen die Kirchen im Bereich des kulturellen Lebens, speziell in der kulturellen Bildung, in den Augen vieler noch eine Bedeutung zu haben, so herrscht doch vielfach der Eindruck vor, mit Kunst haben die Kirchen vor allem mit Blick auf die Pflege der vorhandenen Kunstwerke eine Aufgabe, für die zeitgenössische Kunst seien sie aber nicht von Bedeutung. Das Interview mit dem Maler und Bildhauer *Markus Lüpertz* zeigt, dass die Kirchen mehr sind als Auftraggeber, die Religion wird auch als eine inspirierende Kraft beschrieben. Künstler seien den Engeln sehr nahe, führt Lüpertz im Interview aus. *Ingo Metzmacher* vertritt die Auffassung, dass alle Musik aus einem existentiellen Bedürfnis entsteht und von daher bereits eine Verbindung zur Religion besteht. Seines Erachtens sollten die Akteure des Musiklebens und die Kirchen in einen stärkeren Dialog treten. Thomas Kroll stellt den Regisseur *Karsten Visarius* vor, dessen Film „Zeit der Stille" vom Leben in einem Karthäuserorden handelt. Dombaumeisterin *Barbara Schock-Werner* gibt in einem Interview Auskunft, warum sie sich dafür eingesetzt hat, dass Gerhard Richter ein Fenster im Kölner Dom gestaltet. Ihres Erachtens ist für den Dienst am Herrn das Schönste und Beste gerade gut genug. Sie plädiert entschieden für Schönheit in den Kirchengebäuden und für mehr Mut in der Zusammenarbeit mit zeitgenössischen Künstlern. *Friedhelm Mennekes* zeigt am Beispiel der Kunst-Station St. Peter wie die Kirche zeitgenössischen Künstlern Raum für ihre Arbeiten gibt und wie diese Arbeiten im Kirchenraum präsentiert werden. *Olaf Zimmermann* kommentiert die umstrittenen Aussagen von Kardinal Meisner zum Zusammenhang von Kultus und Kultur.

Daten und Fakten zum Kulturengagement der Kirchen

Abgerundet wird die Vorstellung des kulturellen Engagements der Kirchen durch die Vorlage von Daten und Fakten durch *Vicco von Bülow* für die EKD und *Jakob Johannes Koch* für die Deutsche Bischofskonferenz. Differenziert nach den verschiedenen künstlerischen Sparten wird aufgezeigt, welche Verantwortung die Kirchen in der Kultur übernehmen.

Das vorliegende Buch soll nicht dazu dienen, jemanden fromm zu machen. Die Aufklärung soll auch nicht relativiert werden. Es geht vielmehr darum, dass Bewusstsein zu schärfen, dass die Kirchen im Kulturbereich ein wichtiger Faktor sind. Dieser Faktor erschöpft sich nicht darin, dass die Kirchen einen erheblichen Teil ihrer Mittel für kulturelle Aufgaben aufwenden. Er wird auch darin deutlich, dass Religion für viele Künstler von Bedeutung ist, sowie dass nach wie vor Kunst und Kultur in Deutschland vom Christentum sowie den beiden großen christlichen Kirchen maßgeblich geprägt ist.

Gabriele Schulz

Kirche und Kultur

Karl Lehmann

Kirche und Kultur – Kirche als Kultur

Kirche schafft kulturelle Identität weit über den Kreis ihrer Mitglieder hinaus. Sie tut das seit 2000 Jahren mit einer geistigen Prägekraft, wie sie keine zweite Institution je entwickelt hat. Ohne traditionsreiches kirchliches Bildungswesen, ohne das Mäzenatentum der Kirche und ohne die große künstlerische Inspirationskraft der christlichen Theologie wäre die Kultur des Abendlandes ärmer an Geist und Sinnlichkeit. Derzeit scheinen viele Menschen ganz neu zu entdecken, dass das werteorientierte Kultur-Engagement der Kirche einen ideellen Mehrwert hat, den das Kulturangebot des weltanschaulich neutralen Staates und der säkularen Träger nicht bieten kann.

Im Kontext des viel beschworenen „clash of civilizations“ dreht sich in Europa alles um die Frage der westlich-abendländischen Identität. Dabei wird immer deutlicher, dass es nicht das Bruttosozialprodukt oder die industrielle Infrastruktur sind, die dem europäischen Staatengebilde seine ureigene, kollektive Identität verleihen. Sondern dass es gerade in unserer von Konsum bestimmten Gesellschaft die transzendenten Werte und Ziele sind, von denen ihre Mitglieder leben, ohne es ausdrücklich zu wissen. Das gegenwärtige Aufdämmern eines „postsäkularen Zeitalters“ (Habermas) führt in der Tat zu einer überraschenden Renaissance von Religion, Christentum und Kirche als kulturprägende Kräfte, wie sich besonders in den letzten Monaten eindrucksvoll gezeigt hat.

Kulturelles Engagement ist für die katholische Kirche integraler Bestandteil ihres gesamten Wirkens. Deshalb lässt sie sich ihre Kulturarbeit viel kosten und betrachtet diese Aufwendungen nicht als Subvention, sondern als Investition. Einen separaten Kultur*sektor*, wie ihn Politik und Marktwirtschaft als Randbereich abseits ihrer Prioritäten abgrenzen, kennt die katholische Kirche nicht. Nicht Sektor, sondern Grundperspektive *aller* Felder kirchlichen Handelns ist die Kulturarbeit. Seit ihren Anfängen definiert die Kirche ihr Wirken über die drei Grundmaximen Gottesdienst – den Glauben feiern, Verkündigung – den Glauben weitergeben und Nächstenliebe – den Glauben tun: Martyria, Liturgia, Diakonia. Das kirchliche Kulturengagement durchwirkt diese drei Felder gleichermaßen und erhält durch sie ihre Zielvorgabe: Dienst vor Gott und Dienst am Menschen. Das Streben nach einer Balance zwischen diesen beiden Polen macht das Proprium kirchlichen Kulturschaffens aus. Sein Transzendenzbezug bewahrt es vor der Vereinnahmung durch allzu marktförmig verzweckten, psychohygienisch-banalen Aktivismus. Seine gleichzeitige Verankerung im Humanen bewahrt es andererseits auch davor, sich in einem mystisch elitären Elfenbeinturm jenseits menschlicher Lebenswirklichkeiten zu verschanzen.

Das katholische Kulturschaffen steht nicht nur in der Balance zwischen Gott und Mensch, sondern auch zwischen Vergangenheit und Zukunft. Einerseits trägt die Kirche die Verantwortung für Erhalt und Pflege eines unermesslich wertvollen Kulturerbes aus zwei Jahrtausenden. Das verpflichtet sie nicht nur zu konservatorischer Professionalität, sondern auch zur geistigen Erschließung dieses Erbes in sich stets wandelnder Kontexte hinein. Damit leistet sie einen Beitrag für das „kulturelle Gedächtnis“ Europas, von dem unleugbar nicht nur praktizierende Kirchgänger, sondern alle Mitglieder der Gesellschaft profitieren. Das Kultur-Engagement der Kirche ist jedoch nicht nur rückwärtsgewandt: Sie ist nach wie vor Mäzenatin der zeitgenössischen Künste als Auftraggeberin und Anregerin. Wenn beispielsweise der Maler Gerhard Richter ein Fenster des Kölner Doms gestaltet, Arvo Pärt für den Katholikentag seine berühmte „Berliner Messe“ komponiert, der Architekt Meinhard von Gerkan für die Expo den Christus-Pavillon errichtet oder die Schriftstellerin Gabriele Wohmann Lesungen an katholischen Akademien gibt, dann tut sich hier ein Dialogforum mit Kulturschaffenden auf, die alles andere als Kirchenkünstler sind. Dennoch lädt die katholische Kirche gerade diese „autonomen“ Vertreter der Gegenwartskunst zum Austausch, weil sie ihre Werke als „Stimme der universalen Erlösungserwartung" (Johannes Paul II.) begreift und sie als Katalysatoren existentieller Eigentlichkeit wertschätzt.

Die katholische Kirche ist der größte Kulturträger neben dem Staat und den Kommunen. Sie setzt ca. 20 % ihrer Kirchensteuern und Vermögenserlöse für Kulturarbeit ein. Damit liegt sie erheblich oberhalb des im Kulturfinanzbericht genannten durchschnittlichen Kulturanteils von 1,66 % bei Staat und Kommunen (2003). Sie fördert seit jeher qualifizierte kulturelle Initiativen und Prozesse und setzt so den verflachenden Tendenzen des Event-Kulturbetriebes Ressourcen symbolischer Repräsentationen, sinnbezogener Entwürfe, lebensprägender Motive und zwischenmenschlicher Bereicherung entgegen. Sie sucht – wo immer möglich – den fruchtbaren Dialog mit all jenen kulturellen Ausdrucksweisen, die Unbedingtheit, Authentizität und geistiges Ringen um letzte Fragen verkörpern. Sie macht nicht das, was ankommt, sondern worauf es ankommt.

Freilich betreibt die katholische Kirche keine ausschließlich auf Exzellenz ausgerichtete Kulturarbeit; sie erschöpft sich nicht in einzelnen Highlights. Sie ist vielmehr Anwältin einer *„Breiten-Kultur"*: Die christliche Offenbarung versteht sich als Botschaft, die sich an alle wendet und auch ihre kulturellen Ausdrucksformen kennen keine sozialen Grenzen. Weite Teile der katholischen Kulturarbeit basieren auf der Arbeit von Ehrenamtlichen quer durch alle Berufe und Milieus. Die Ehrenamtlichen sind jedoch nicht auf sich gestellt. Die Qualität ihrer Arbeit wird vielmehr flächendeckend durch fundierte, von Hauptamtlichen geleitete Aus- und Weiterbildungsmaßnahmen flankiert. Dieses Kulturkonzept kann in Deutschland z. B. mit 18.000 katholischen Haupt- und Nebenberufs-Kirchenmusikern aufwarten, die neben der liturgischen Musik auch für das kirchliche Laienmusizieren zuständig sind: 440.000 Katholiken engagieren sich in 15.500 Erwachsenen-, Jugend- und Kinderchören sowie 1.800 kircheneigenen Orchestern und Instrumentalgruppen. Im Bereich der literarischen Kompetenz und Leseförderung hält die katholische Kirche in Deutschland knapp 5.000 öffentliche Büchereien vor, die u.a. von 25.000 ehrenamtlichen Mitarbeiterinnen und Mitarbeitern mitbetreut werden. Bei diesen Beispielen, denen sich zahlreiche weitere hinzufügen ließen, zeigt sich: Nur aufgrund der einzigartigen Komplementarität von Ehren- und Hauptamt kann kirchliche Kulturarbeit funktionieren. Das Rückgrat des Ehrenamtes ist und bleibt dabei das Hauptamt. Alle Bistumsverwaltungen unterhalten hauptamtliche Stellen, in denen Fachleute für die Belange der verschiedenen Kunstgattungen zuständig sind. Kunst-, Musik-, Bau- und Denkmalpflegereferate oder -ämter garantieren damit ein hohes Maß an Professionalität. Zugleich fungieren diese Stellen als Ansprechpartner für staatliche oder kommunale Kulturträger, mit denen viele Kooperationsverhältnisse bestehen.

Durch den großen ehrenamtlichen Anteil und den über die berufliche Pflicht hinausreichenden ideellen Einsatz der Hauptamtlichen können kirchliche Kultur-Angebote wohlfeil angeboten werden. Und zwar nicht nur für Kirchenmitglieder, sondern für die ganze Bevölkerung. Vor allem im ländlichen Raum stellen die Kultur-Aktivitäten der Kirchengemeinden eine der ganz wenigen Möglichkeiten dar, aktiv am kulturellen Leben teilzunehmen. So erheben etwa die katholischen Büchereien keine Benutzungsgebühren, die Teilnehmerbeiträge der 632 katholischen Erwachsenenbildungs-Einrichtungen für Veranstaltungen kultureller Bildung oder die Eintrittspreise für Kirchenkonzerte sind um ein Vielfaches günstiger als im säkularen Bereich. Der darin manifestierte diakonische Aspekt – die Kirche nennt das programmatisch *„Kulturdiakonie"*, vom lateinischen Diakonia = Dienst – ist einer der Hauptcharaktere katholischer Kulturarbeit und zugleich eine entschiedene Absage an kulturellen Sozialdarwinismus oder kulturelles Hegemoniestreben. Das Zweite Vatikanische Konzil reklamiert daher ausdrücklich ein „Recht auf Kultur", das jedem Menschen unterschiedslos zusteht (vgl. Konstitution „Gaudium et Spes", Art. 42, 55, 58). Damit geht gleichwohl auch eine „Pflicht zur Kultur" einher: Für einen Christen kann es eigentlich keine Ermäßigung für den Anspruch geben, sich in allen, besonders aber in den aktiven Feldern der Kultur zu betätigen. Dazu ist er besonders geeignet aufgrund seines Glaubens, der dem Ist-Zustand ein kontrafaktisches „Noch nicht" entgegensetzt. Das gibt ihm auch die Kraft zur Kulturkritik dort, wo sich kulturelle Entwicklungen als unmenschlich oder mit dem christlichen Ethos nicht vereinbar erweisen. Solche kulturkritischen Korrektive finden sich konkret etwa bei den Gremien und Organen der katholischen Filmbewertung oder bei den kirchlichen Kooperationen im Jugendmedienschutz, die auch im säkularen Bereich hohe Achtung erfahren.

Das Element von Zweckfreiheit und Transzendenzbezug, das den Kern kirchlicher Kulturarbeit ausmacht, führt natürlich nicht dazu, dass diese Aktivitäten auch im materiellen Sinne „nicht von dieser Welt" wären. Die physikalischen Gesetze von Schwerkraft und Korrosion behandeln z.B. die sakrale Architektur nicht pietätvoller als die weltliche. Allein für die Pflege ihrer ca. 60.000 denkmalgeschützten Bauten hat die katholische Kirche in den Jahren 1996-2000 mehr als zwei Milliarden Euro ausgegeben. Kirchliche Kulturpflege kostet mithin viel Geld, das derzeit auch in der Kirche spürbar knapper wird. Den verhängnisvollen Reflex der öffentlichen Haushalte, vorrangig und einseitig die vermeintlichen „Kultur-Subventionen" abzubauen, wird man in der Kirche jedoch nicht erleben. Notwendige Einsparungen auf diesem Feld versucht die katholische Kirche ausgewogen und verantwortungsbewusst in ein Gesamt-Konsolidierungskonzept einzubetten. Dennoch sind in Ausnahmefällen schmerzhafte Maßnahmen notwendig; man denke etwa an die vereinzelte Profanierung von Kirchen. Dass die darauf folgenden öffentlichen „Banausen!"-Rufe freilich oft aus den Reihen derer kommen, die sich selbst noch nie für kirchliches Kulturgut – geschweige denn finanziell – engagiert haben, kann nur befremden. Es wäre überdies wünschenswert, dass auch in der Politik mehr Gespür dafür erwacht, welch wichtigen kulturellen Identifikationsfaktor das kirchliche Kulturengagement für unser Land darstellt. Wenn Deutschland sein christliches Kulturerbe auch künftig zu seinen Essentials zählen will – und zumindest der Wille dazu scheint wieder verstärkt vorhanden zu sein –, dann muss sich auch das Gemeinwesen zu einer *gesamtgesellschaftlichen* Anstrengung konkreter Unterstützungsmaßnahmen entschließen, die keinen Aufschub dulden. Denn die Kulturkompetenz einer Nation ist keine „soft skill", sondern für ihr zivilisiertes Überleben mindestens ebenso wichtig wie eine funktionierende Volkswirtschaft. „Der Mensch lebt nicht vom Brot allein" (Mt 4,4).

Zuerst erschienen in politik und kultur November – Dezember 2005

Wolfgang Huber

Zukunftskongress „Kirche der Freiheit"

Die Evangelische Kirche in Deutschland (EKD) führte vom 25. bis 27. Januar dieses Jahres einen Zukunftskongress in Wittenberg durch. Zur Diskussion stand das Zukunftspapier „Kirche der Freiheit", in dem Perspektiven der Evangelischen Kirche in Deutschland aufgezeigt und Kernaufgaben beschrieben werden. Im Folgenden wird die Rede des Ratsvorsitzenden der EKD, Bischof Wolfgang Huber, in Auszügen dokumentiert:

Ich werde zunächst danach fragen, um welche Freiheit es denn geht, wenn wir von der christlichen Freiheit sprechen. Hier in Wittenberg soll unsere Aufmerksamkeit sodann der Neuentdeckung dieser Freiheit in der Reformation gelten. Wie wir diese Neuentdeckung im 21. Jahrhundert wahrnehmen und bewähren können, ist anschließend zu bedenken. Schließlich wenden wir uns der Frage zu, was sich aus dieser Konzentration auf die christliche Freiheit für das Verständnis der Kirche ergibt. Dabei will ich ausdrücklich auf die aktuelle Bedeutung eingehen, die in der Forderung nach einer „Kirche für andere" enthalten ist. Das alles wollen wir in einer Weise bedenken, die zwischen dem Handeln Gottes und dem Handeln der Menschen, zwischen der Zukunft Gottes und der von uns zu gestaltenden Zukunft unterscheidet.

Unter den drei Leitbegriffen der neuzeitlichen Revolutionen – Freiheit, Gleichheit, Brüderlichkeit – ist vor allem die Freiheit zu einem Schlüsselwort für das Selbstverständnis des modernen Menschen geworden. Seine Berufung zum aufrechten Gang, die ihm anvertraute Fähigkeit, Subjekt des eigenen Handelns, ja der eigenen Lebensgeschichte zu sein, der ihm zugetraute Mut, sich des eigenen Verstandes zu bedienen, die Erfahrung mit sich selbst in der Erschließung der Welt: all das gibt dem Begriff der Freiheit einen unvergleichlichen Klang. Er ist voller Verheißungen.

Immer wieder jedoch wurde die Freiheitseuphorie mit Enttäuschungen konfrontiert. Aber endgültig beugen ließ sich das Freiheitsbewusstsein dadurch nicht. Empirisch lässt es sich nicht beweisen; vielmehr ist es dem Menschen mit seinem Menschsein zugesprochen, zu dem die Möglichkeit gehört, Handlungen von sich aus anzufangen. Doch woher wissen wir, dass unsere Handlungen aus Freiheit geschehen, dass wir selbst ihre Urheber sind? Wir wissen es jedenfalls nicht einfach durch die Beobachtung des Menschen selbst. Aber wir wissen, dass wir den Begriff des Menschen selbst preisgeben würden, rechneten wir ihm seine Handlungen nicht mehr zu. [...]

Dabei waren die christlichen Kirchen keineswegs immer Vertreter und Förderer der Freiheit. Sie haben immer wieder vor den Folgen der Freiheit gewarnt und den Missbrauch der Freiheit beklagt; sie haben die vom christlichen Glauben selbst ausgelösten Freiheitsprozesse auch negiert und problematisiert. Es geht also nicht einfach darum, eine Erfolgsgeschichte zu erzählen. Wohl aber gilt es zu würdigen, dass in allen diesen verschiedenen Haltungen der Mütter und Väter im Glauben immer wieder der Versuch zu erkennen war, das besondere Freiheitsverständnis des christlichen Glaubens zu dem jeweils dominanten weltlichen Freiheitsverständnis als Quelle und kritisches Gegenüber ins Verhältnis zu setzen; es hat dadurch immer wieder zur Präzisierung und zum tieferen Verständnis der Freiheit beigetragen. [...]

Aus diesem Impuls entsteht die Kraft zu einer kulturellen Gestaltung, für die sich die Bezeichnung des Protestantismus eingebürgert hat. Bis zum heutigen Tag ist deutlich, dass der reformatorische Impuls mit diesen kulturellen Wirkungen zusammengehört. Deshalb achten wir auch wieder neu auf lebendige, sich immer wieder erneuernde kulturelle Gestaltungsformen evangelisch geprägter Kultur. Es ist bekannt, in welch vielfältigen Formen sich die reformatorische Tradition, auch in Gestalt des evangelischen Pfarrhauses, insbesondere auf Literatur und Musik ausgewirkt hat. Die Erneuerung dieses konstruktiven Verhältnisses zwischen Glaube und Kultur gehört zu den Hoffnungszeichen unserer Gegenwart.

Zugleich kann der reformatorische Impuls so wenig auf einen Kulturprotestantismus reduziert werden, wie es angeht, das Christentum auf ein bloßes Kulturchristentum zu verengen. Ein Kulturchristentum bezieht sich auf die Prägungen, die unsere Lebenswelt bestimmen. Der christliche Glaube aber ist eine Haltung, die unser Leben bestimmt. Ein Kulturprotestantismus beruft sich auf die gesellschaftlichen Folgen, die aus der Wiederentdeckung der christlichen Freiheit erwachsen sind. Evangelischer Glaube aber bekennt sich zu ihrer Quelle: zu der Freiheit, zu der uns Christus befreit. Kulturelle Bedeutung und gesellschaftliche Folgen sind gewiss von großem Gewicht; aber sie sind nicht alles. Wer das Christentum nur als Kultur versteht, sieht seine Aufgabe vor allem darin, eine „Tradition" zu bewahren und ein „Erbe" zu verwalten. Wer sich auf die Quelle dieser kulturellen Wirkungen besinnt, fragt nach der lebendigen Kraft, die das eigene Leben ergreift und deren kulturelle Folgen sich deshalb auch zu erneuern vermögen. [...]

In der Konzentration des evangelischen Kirchenverständnisses auf den Gottesdienst als das Geschehen, in dem die Kirche ihres Grundes wie ihres Auftrags gewiss wird, liegt der entscheidende Grund dafür, dass alle Reformprozesse in unserer Kirche sich zuallererst auf die kirchlichen Kernaufgaben und auf eine Profilierung der geistlichen Grundlagen und Grundvollzüge kirchlichen Lebens richten und richten müssen. Aus dieser Konzentration ergibt sich auch die besondere Wertschätzung all der beruflichen und ehrenamtlichen Tätigkeiten, die der um Wort und Sakrament versammelten Gemeinde zu Gute kommen. Unser gemeinsames Ziel sollte es sein, dass dieser Einsatz wachsende Resonanz findet, ja dass von ihm eine missionarische Ausstrahlung ausgeht. Wir wollen den öffentlichen, nach außen gewandten Charakter des Gottesdienstes neu zur Geltung kommen lassen. Dafür wollen wir an seiner inneren Kraft und Qualität, an der Anmut und dem Glanz unserer Gottesdienste arbeiten. Dass Gottesdienste zum Lob Gottes gefeiert werden, dass sie Glauben wecken und im Glauben stärken, soll neu zum Bewusstsein kommen.

Deshalb sprechen wir von einem geistlichen Mentalitätswandel. Alle Rede von der Konzentration auf Kernaufgaben, von der Profilierung des Evangelischen, von der qualitätvollen Arbeit in der Vielfalt kirchlicher Handlungsfelder verweist auf diesen Grundgedanken. Zukunft hat die evangelische Kirche durch ihre geistliche Kraft. Alle äußeren Gestaltungen und Umgestaltungen unserer Kirche müssen hiervon ausgehen und darauf hinwirken.

Wenn in solchen Zusammenhängen von der Stärkung des evangelischen Profils die Rede ist, dann entspringt dies weder einer Lust an der Abgrenzung gegenüber anderen Kirchen und Konfessionen noch gar der Absicht, die Vielfalt und Pluralität in den Gestaltungsformen des Protestantischen einzugrenzen. Sondern es geht zentral darum, sich der eigenen Wurzeln neu bewusst zu werden und den spezifischen Glaubensschatz der evangelischen Kirchen aufs Neue zu heben. Es geht in diesem Sinn, wie Walter Kasper zu Recht hervorgehoben hat, um die Frage nach der eigenen Identität. Die reformatorische Orientierung an Gottes lebendigem Wort, die evangelische Treue zum Reichtum der biblischen Botschaft, die Konzentration auf eine gute Predigt in einem liturgisch bewusst und qualitätvoll gestalteten Gottesdienst, die Hochschätzung der Bildung und des persönlich angeeigneten Glaubens, die Betonung von kultureller Kraft und gesellschaftlicher Verantwortung, die möglichst breite Ausrichtung auf eine große Beteiligung von Frauen und Männern, von Jungen und Alten, Armen und Reichen – all das sind zugleich Konsequenzen reformatorischer Einsichten und Erkennungszeichen evangelischer Kirchen.

Zuerst erschienen in politik und kultur März – April 2007

Johannes Friedrich

Kultur ist der Spielraum der Freiheit – Zum Verhältnis von Kultur und Christentum aus evangelischer Perspektive

„Kirche der Freiheit" – das ist der Titel des Perspektivpapiers des Rates der Evangelischen Kirche in Deutschland (EKD) für die evangelische Kirche im 21. Jahrhundert. Freiheit dient in diesem mutigen Impulspapier als Leitmotiv, von dem her alle Überlegungen zu den Perspektiven der evangelischen Kirche verstanden werden sollen. Nur wer die Freiheit im Blick behält, kann den gegenwärtigen Chancen und Herausforderungen so begegnen, dass evangelisches Profil sichtbar bleibt. Dabei ist Freiheit zu unterscheiden von Beliebigkeit. Die Freiheit, von der wir als evangelische Kirche leben, ist eine von Gott geschenkte und auf Gott hin gelebte Freiheit. Eine solche Freiheit verpflichtet – zur Übernahme von Verantwortung und zum Dienst am Nächsten. Schon Martin Luther hatte diese beiden Seiten derselben Medaille im Blick. Für ihn gilt für die „Freiheit eines Christenmenschen" sowohl der eine Satz:„Ein Christenmensch ist ein freier Herr über alle Dinge und niemand untertan" als auch der andere Satz: „Ein Christenmensch ist ein dienstbarer Knecht aller Dinge und jedermann untertan." Der Mensch wird durch die Gnade Gottes einerseits selig und frei von Zwängen und Verpflichtungen, aber andererseits gerade dadurch auch frei, Gott und dem Nächsten zu dienen.

Weil evangelische Kirche in recht verstandener Freiheit das bestimmende Motiv ihres Denkens und Handelns sieht, engagiert sie sich auch für Kultur. Die EKD hat dies seit 1999 in besonderer Weise durch den Konsultationsprozess „Protestantismus und Kultur" getan. In der gemeinsam mit der Vereinigung Evangelischer Freikirchen (VEF) verantworteten Schrift „Gestaltung und Kritik. Zum Verhältnis von Protestantismus und Kultur im neuen Jahrhundert" heißt es programmatisch: „Die Kirchen behalten eine wichtige kulturelle Rolle; im kulturellen Wandel wachsen ihnen auch neue Aufgaben zu. Es kommt darauf an, dass sie sich nicht in die Nische verkriechen, sondern in Auseinandersetzung mit der Kultur der Gegenwart eine spezifische kulturelle Gestalt annehmen. Sie haben zugleich die Entwicklung der Kultur kritisch zu begleiten und wie in den vergangenen 2000 Jahren christlicher Geschichte kulturprägend zu wirken." Damit war die Richtung vorgegeben, die sich im nun folgenden spannenden Konsultationsprozess mehr und mehr abzeichnen sollte: Kirche und Kultur sind keineswegs deckungsgleich, haben sogar oft ein spannungsvolles Verhältnis zueinander, bei dem auch die Unterschiede deutlich werden. Kirche und Kultur gehören aber auch ganz untrennbar zusammen, wollen doch beide neue Perspektiven eröffnen, den Blick über Vordergründiges hinaus lenken, das Leben deuten. Wo sie das gemeinsam tun, sind sie besonders stark. Weder einer unüberbrückbaren Differenz noch einer unterschiedslosen Differenzierung soll also das Wort geredet werden. Gerade weil die Kunst autonom ist und bleiben muss, kann sie der Kirche Impulse geben. Das gilt für die explizite künstlerische Beschäftigung mit religiösen Themen ebenso wie für eine scheinbar säkulare Kunst, die der Kirche doch durch ihre Beobachtung und Verarbeitung menschlicher wie gesellschaftlicher Phänomene eine Inspiration im Sinne einer „Fremdprophetie" sein kann. Kultur als „Spielraum der Freiheit" (Dietrich Bonhoeffer) gibt der Kirche die Möglichkeit, sich einen Raum zu eröffnen, in dem ihr eine Begegnung mit der Freiheit ermöglicht wird, die sie in anderen Räumen nicht hat.

Ein Ergebnis des Konsultationsprozesses „Protestantismus und Kultur" war im Jahr 2002 die gemeinsame Denkschrift von EKD und VEF mit dem Titel „Räume der Begegnung. Religion und Kultur in evangelischer Perspektive", in deren Vorwort es heißt: „Kirchen sind Räume der Begegnung, auch der Begegnung zwischen Religion und Kultur. Sie bieten die Möglichkeit, unterschiedliche Perspektiven miteinander ins Gespräch zu bringen. Wir brauchen solche Begegnungen, um uns in der Welt immer wieder neu zu orientieren. Wir brauchen sie schon, um zu verstehen, wer wir sind." Dass dazu auch überraschende Einsichten hilfreich sind, macht die Denkschrift an verschiedenen Beispielen aus dem

Bereich von Kunst und Kultur deutlich, wobei sie fordert, „die Beheimatung im Eigenen mit dem Respekt vor dem Fremden zu verbinden, eine Kultur der Differenzen zu entwickeln, sich von der Wirkmächtigkeit des Trivialen zum Ernstnehmen des Rituellen veranlasst zu sehen [und] die Begegnung mit den Künsten zu riskieren." Kirche ohne Kultur ist also kaum denkbar, Kultur ohne Kirche wäre verarmt.

Kirche zielt auf Öffentlichkeit. Sie kann ihre Wirkung in den öffentlichen Raum hinein verlängern, wenn sie das Zusammenspiel mit der Kultur nutzt. Durch gelungene Kooperation können Schwellenängste abgebaut und neue Aufmerksamkeit gewonnen werden. Dabei ist es ein immer wieder neu zu führender Diskurs, wie weit sich Kirche in diesen Zwischenraum begibt, der durch den Kirchenraum einerseits und säkularisierter Öffentlichkeit andererseits entsteht. Als Kriterien für diesen Diskurs sind Qualität, Kenntlichkeit und Stimmigkeit zu nennen. Qualität kann hier auch heißen, dass Gemeinden neugierig gemacht werden auf zeitgenössische Kunst; Kenntlichkeit bedeutet, dass Kirche erkennbar sein muss in der Auseinandersetzung mit dem Kunstwerk; Stimmigkeit bezieht sich auf den inneren Zusammenhang des Ortes oder der theologischen Idee.

Daraus lassen sich konkrete Forderungen ableiten: bessere Netzwerke zwischen den Gemeinden und den Kunstschaffenden beispielsweise oder eine Investition in gute religiöse und ästhetische Bildung vom Kindesalter an. Überhaupt ist die Bereitstellung von finanziellen Mitteln für die Kultur als Investition zu begreifen – und nicht etwa als Subvention! Die evangelische Kirche investiert bereits jetzt in die Kultur und sie wird es auch weiterhin tun. Nach seriösen Schätzungen setzen die evangelischen Landeskirchen ebenso wie die EKD etwa 20% ihrer Kirchensteuern und Vermögenserlöse für kulturelle Aktivitäten ein. Mit ihrem zu Jahresbeginn 2006 eröffneten Kulturbüro in Berlin und der erstmaligen Berufung einer Kulturbeauftragten hat die EKD gerade in finanziell herausfordernden Zeiten Zeichen gesetzt. Diese Zeichen verdienen es, wahrgenommen zu werden. Kirche ist ein aus unserer Gesellschaft nicht wegzudenkender kultureller Faktor.

Das zu Beginn genannte EKD-Perspektivpapier „Kirche der Freiheit" schlägt einen weiten Bogen von der Wahrnehmung der Gegenwart bis hin zu den Perspektiven für das Jahr 2030. Es benennt zum Schluss vier Schritte, die auf dem Weg zu einer Kirche der Freiheit in der nächsten Zeit anstehen: Erstens einen Diskussionsprozess, in dessen Zentrum ein Zukunftskongress der EKD vom 25. bis 27. Januar 2007 in Wittenberg steht. Zweitens eine Reform-Charta, die dem angestrebten Mentalitätswandel dienen soll. Drittens eine Themenagenda mit Jahresthemen der Reformdekade 2007 bis 2017, zum Beispiel das Paul-Gerhardt-Jahr 2007. Und schließlich viertens die Sicherung und Steigerung der Qualität von Kernangeboten. Für die Evangelische Kirche in Deutschland gehört der Umgang mit der Kultur zu diesen Kernangeboten, deren Sicherung und Qualitätssteigerung erst eine „Kirche der Freiheit" ermöglicht.

Zuerst erschienen in politik und kultur September – Oktober 2006

Heinrich Mussinghoff

Ohne zweckfreies Tun verkümmert der Mensch. Der Beitrag der katholischen Kirche zum kulturellen Leben in Deutschland

Der Kultursektor wird niemals den Break-Even-Point erreichen. Return on investment. Fehlanzeige. Oder doch nicht? Musik-Sozialprogramme wie das „East Harlem Violin Program" („Music of the heart" 1999), Feldforschungen wie die „Bastian-Studie" („Musikerziehung und ihre Wirkung" 2000) oder das große Sacre-du-Printemps-Projekt der Berliner Philharmoniker („Rhythm is it" 2004) haben auf Aufsehen erregende Weise bewiesen, dass an sichzweckfreie musische Aktivitäten Fähigkeiten wie Teamgeist, Konfliktbewältigung und vernetztes Denken fördern. Der Erkenntnisgewinn besteht darin, dass die „Investitionen" solcher Projekte auch einen bedeutenden „Kapitalgewinn" für das Gemeinwesen erbringen, der monetär durch nichts aufzuwiegen ist. Also doch: Return on investment. Der unterschwellige Appell zum Gewahrwerden der Nützlichkeit des „Übernützlichen" (Thomas Mann) hat gewiss sein Gutes. Wir leben in der Tat in einer Zeit, in der sich alles, was Geld kostet, legitimieren muss. Aber ist das Zweckfreie nicht alleine schon dadurch legitimiert, dass der Mensch es für sein Wohlergehen braucht wie die Luft zum Atmen?

Der Stress des Leistungsdrucks mit dem Ziel der ständigen Steigerung des materiellen Lebensstandards gefährdet den Menschen. Das Verhältnis zwischen der Arbeit als einer Leistung, die transitiv-objektiv ein Werk verwirklicht, und dem zweckfreien Handeln, das im Erlebnis des Tuns selber seine Erfüllung findet, ist bei vielen Menschen in Unordnung geraten. Ohne zweckfreies Tun verkümmert der Mensch. Der Mensch ist immer ein Fragender gewesen. Er suchte sich selber zu deuten, wenn er malte, Figuren schnitzte, musizierte, dichtete. Es ist die Sendung von Kunst und Kultur, das Eigentliche, das Wesentliche, das Urbildliche zum Aufleuchten zu bringen und sinnenhaft transparent zu machen ...". So hat es der große katholische Sozialethiker Joseph Kardinal Höffner, der frühere Vorsitzende der Deutschen Bischofskonferenz, bei einem Treffen mit Künstlern geäußert. Das war bereits 1978, und doch sind seine Worte aktueller denn je. Denn das Wegrationalisieren alles Zweckfreien ist zu Beginn des 21. Jahrhunderts en vogue wie nie zuvor. Insofern war Höffner gleichsam ein Visionär. Er war sich bewusst, dass die Ermöglichung einer breiten, milieu-übergreifenden kulturellen Aktivität für das Gedeihen eines Gemeinwesens mindestens so wichtig ist wie eine funktionierende Volkswirtschaft. Bleibender Wohl*stand* ohne Wohl*ergehen* – so die feste Überzeugung Höffners – ist langfristig unmöglich. Wohlergehen aber nährt sich aus Kultur, wenn wir diese als das einer Gesellschaft gemeinsame Substrat immaterieller Grundüberzeugungen verstehen. Für das individuelle Wohlergehen spielt das kulturelle Erlebnismoment eine absolut unverzichtbare Rolle, man denke an das Erlebnis der Mitwirkung in einem Chor bei der Aufführung von Händels „Messias" oder an das Gemeinschaftserlebnis in der Schlachtrufe skandierenden Südkurve beim Fußball. Günstigenfalls kann aus dem Erlebnismoment ein Glücksmoment werden. Dieses ist unter Umständen so stark, dass es dem Betroffenen genügend Energie verschafft, um ihn für eine bestimmte Zeit für die Aufgabenlast des Alltags zu wappnen.

Wenn die katholische Kirche sich kulturell und musisch-ästhetisch engagiert, dann deshalb, weil sie die Freiräume des Übernützlichen schützen und weiten will. Die katholische Kirche ist beidem verpflichtet: Dem Dienst an den Menschen und dem Dienst vor Gott. Gott lässt sich nicht verfügen wie irgendein „Ding in der Welt". Wer glaubt, wird daher sensibel für alles, was seine kognitiven Alltagsvollzüge entgrenzt. Er überschreitet – lateinisch „transzendiert" – seine Egozentrik. Das verbindet den Glauben mit der Kunst: Glaube und Kunst gehen aus einer gesteigerten Aufmerksamkeit in der Wahrnehmung der Wirklichkeit hervor. So öffnen sie auch den Blick für jene Bereiche, die sonst leicht übersehen oder missachtet werden. Dazu gehören alle kulturellen Ausdrucksweisen, die Unbedingtheit, Authentizität und geistiges Ringen um letzte Fragen verkörpern. Als deren Anwältin versteht sich die katholische

Kirche. Der nicht-kommerzielle Charakter und der Transzendenz-Bezug ihres Kultur-Engagements sind ein ideeller Mehrwert, den das Kulturangebot des weltanschaulich neutralen Staates und der säkularen privaten Träger so nicht bieten kann.

Die Menschen in unserer Zeit und unserem Land scheinen diese Dimension kirchlichen Kultur-Engagements neu schätzen zu lernen: Wenn über die „Leitkultur" unseres Landes diskutiert wird, erklingt aus nichtkirchlichem Mund immer öfter das Epitheton „christlich". Diese Entwicklung ist umso überraschender, als bislang etwa im Jahrbuch des Statistischen Bundesamtes das kulturelle Engagement der Kirchen nahezu ungenannt blieb. Plötzlich ist nunmehr das öffentliche Interesse am kulturellen Wirken der Kirchen erwacht. Die Enquete-Kommission des Deutschen Bundestages „Kultur in Deutschland" hat bei dem Kulturwissenschaftler Matthias T. Vogt ein eigenes Gutachten zum *„Beitrag der Kirchen und Religionsgemeinschaften zum kulturellen Leben in Deutschland"* in Auftrag gegeben. Dessen Ergebnis kann man im Tätigkeitsbericht der Kultur-Enquete nachlesen: Die Kirchen sind größter Kulturträger neben dem Staat und den Kommunen. Ihre virtuelle Wertschöpfung kommt nicht nur Kirchenmitgliedern, sondern der ganzen Bevölkerung zugute. Sie pflegt nicht nur ein 2000-jähriges Kulturerbe, sondern ist nach wie vor Mäzenatin der zeitgenössischen Künste.

Dennoch sind auch auf dem Gebiet kirchlicher Kultur schmerzhafte Maßnahmen nicht immer zu vermeiden; man denke etwa an die Profanierung nicht mehr benötigter Kirchen (ca. 1,9 % aller katholischen Gotteshäuser). Da ist es eigentlich ein gutes Zeichen, wenn sich aktuell deutsche Landtage oder Leitartikler renommierter Feuilletons mit Konzepten zum Erhalt des kirchlichen Kulturerbes auseinandersetzen. Den Menschen dämmert offenbar die Erkenntnis: Was die Kirchen in Deutschland kulturell leisten, tun sie nicht nur für ihre praktizierenden Mitglieder, sondern für uns alle.

Der weltanschaulich neutrale Verfassungsstaat beruht auf Voraussetzungen, die er selbst nicht schaffen kann, wie der Verfassungsrechtler Ernst-Wolfgang Böckenförde zutreffend festgestellt hat. Der öffentlich relevante kirchliche Kultur-Beitrag beschränkt sich dabei keinesfalls auf museales Konservieren altehrwürdiger Kulturbestände. Sondern mindestens ebenso aktiv ist die katholische Kirche auf dem erstaunlich jungen, hoch agilen Terrain des kulturellen Ehrenamtes: Das Gemeinwesen profitiert in ungeahnt hohem Maße von dem tagtäglichen ehrenamtlichen Einsatz der Millionen von Christinnen und Christen. Das ermöglicht es, kirchliche Kultur-Angebote sehr wohlfeil anzubieten. Vor allem im ländlichen Raum stellt die Kulturarbeit der Kirchengemeinden eine der ganz wenigen Möglichkeiten dar, aktiv am kulturellen Leben teilzunehmen. So erheben etwa die katholischen Büchereien keine Benutzungsgebühren, die Teilnehmerbeiträge der Katholischen Erwachsenenbildungs-Einrichtungen für Veranstaltungen kultureller Bildung oder die Eintrittspreise für Kirchenkonzerte sind erheblich günstiger als im säkularen Bereich – oft ist der Eintritt sogar kostenlos. Der darin manifestierte diakonische Aspekt – die katholische Kirche nennt das programmatisch *„Kulturdiakonie* – ist neben der liturgischen und seelsorglichen Orientierung einer der Hauptcharaktere katholischer Kulturarbeit und zugleich ein praktiziertes Votum für milieu-umfassende kulturelle Beteiligungsgerechtigkeit.

Der katholischen Kirche ist die ausgewogene Balance zwischen Breiten- und Hochkultur ein besonderes Anliegen. Versteht sich doch die christliche Offenbarung als Botschaft, die sich an alle wendet und mithin keine sozialen Grenzen kennt. So wenig sich die katholische Kirche ausschließlich auf elitäre Exzellenz-Kultur kapriziert, so wenig biedert sie sich in trivialer Massenkultur an. Sie ist vielmehr Garant einer qualitätvollen *„Breiten-Kultur"* nach dem Motto: „Nur was in der Vertikalen Größe besitzt, kann auch in die Breite gehen." Die Qualität der ehrenamtlichen katholischen Kulturarbeit wird flächendeckend durch hauptamtlich geleitete Aus- und Weiterbildungsmaßnahmen flankiert. Das Rückgrat des Ehrenamtes ist und bleibt das Hauptamt, und die katholischen Bischöfe setzen ihre ganze Kraft daran, diese bewährte Komplementarität auch bei dünner werdender Personaldecke fortzuführen.

Kulturelles Engagement wird heute wie morgen nur dann möglich sein, wenn die staatliche Finanz- und Gesetzgebungspolitik hierfür günstige Rahmenbedingungen anbietet. Denn der weltanschaulich neutrale Verfassungsstaat muss die Voraussetzungen, die er selbst nicht schaffen kann, die er aber für sein zivilisiertes Weiterleben braucht, hegen und pflegen. Das wäre ein motivierendes Signal für die katholische Kirche, ihr reiches kulturelles Engagement der Gesamtgesellschaft weiterhin im bisherigen Maße zur Verfügung zu stellen. Sie tut das gerne, denn das ganzheitlich „gute Leben" in gelingender menschlicher Gemeinschaft ist die Zielvorgabe ihres Wirkens. Einen Einblick in wichtige Teilbereiche dieses Wirkens bietet die vorliegende Ausgabe von *politik und kultur*, die vielleicht bei der einen Leserin oder dem anderen Leser Entdeckerfreude auf bislang eher Unbekanntes hervorruft. Und die Lust, Neues zu entdecken, ist Triebfeder von Kultur schlechthin – der kirchlichen wie der weltlichen. Das ist für beide eine gute gemeinsame Arbeitsgrundlage.

Zuerst erschienen in politik und kultur September – Oktober 2006

Max Fuchs

Der Glaube, die Vernunft und die Leitkultur – Ein Blick auf die Regensburger Rede von Papst Benedikt XVI.

„Wir hätten den Papst besser unterstützen müssen!" So klang es im Anschluss an die Empörung über Teile der Papstrede an der Universität Regensburg aus christlich-konservativen Kreisen. Da es sich um denselben politischen Kontext handelt, aus dem heraus die Forderung nach einer deutschen oder europäischen Leitkultur erhoben wird, liegt die Vermutung nahe, dass einiges Aufschlussreiche zu diesem schwierigen Begriff aus der Papstrede zu erfahren ist. Es lohnt sich daher, diese Rede, die eine Vorlesung an der früheren Universität des Theologieprofessors Ratzinger war, genauer anzuschauen.

Zunächst ist auch hier der Kontext nicht unwichtig: Es war eine Vorlesung eines ehemaligen akademischen Lehrers, der als Professor das Recht auf Freiheit von Forschung und Lehre beanspruchen kann. Natürlich ist dieser ehemalige Hochschullehrer der heutige Papst, also politischer Führer eines kleinen Staates, zugleich aber auch religiöses Oberhaupt von ca. einer Milliarde Menschen. Dieser Papst war lange Jahre Chef der Kongregation für Glaubensfragen, die bekanntlich die Rechtsnachfolge der Inquisition übernommen hat und die für die Einhaltung der reinen Lehre verantwortlich ist. Es sind also gleich drei Rollen, die der Verfasser der Vorlesung spielte, und man kann durchaus feststellen, dass diese drei Rollen ineinander greifen. Denn – pauschal gesagt – hat Papst Benedikt dem ehemaligen Chefideologen, Kardinal Ratzinger, in allen seinen oft umstrittenen Positionen Recht gegeben, und der Theologieprofessors Ratzinger hat die dazu notwendigen wissenschaftlich-theologischen Fundierungen geliefert. Es handelt sich also um einen geschlossenen Regelkreis, der durchaus schwierig zu durchbrechen ist. Denn das religiöse Oberhaupt ist mit einem anderen Respekt zu behandeln als der Hochschullehrer, der entsprechend der westlich-akademischen Leitkultur alle Kritik der Welt aushalten können muss.

Drei Aspekte will ich aus der komplexen, von vielen als brillant etikettierten Rede herausgreifen. Der Einstieg der Rede bezieht sich auf das akademische Zusammenleben in einer Universität, die – schon vom Namen her – die Universalität der Vernunft repräsentiert. Papst Benedikt erinnert an eine frühere Infragestellung des Wissenschaftsstatus der Theologie im Kreise der Professoren, da sich diese doch mit etwas befasse, das es gar nicht gebe: mit Gott. Damit ist die eigentliche Grundfrage der Vorlesung gestellt. Es geht nämlich nur am Rande um den religiösen Status des Islam, der in der Medienresonanz so eine große Rolle gespielt hat. Über weite Strecken will der Text – und dies ist eines der Schwerpunktthemen – allen vom Römischen Katholizismus abweichenden Wegen des Christentums, etwa im Kontext des Protestantismus oder der Befreiungstheologie, eine klare Absage erteilen. Denn nur in der Verbindung des im Orient entstandenen Urchristentums mit der griechisch-hellenistischen Philosophie entstand nicht nur der richtige Glaube, sondern zugleich auch Europa. Diese Synthese hat Folgen insbesondere für das „richtige" Verhältnis von Vernunft und Glaube. Es geht dabei letztlich um die Rückgewinnung der Relevanz des Glaubens angesichts der spätestens seit der Aufklärung, aber eigentlich bereits im Mittelalter schon begonnenen Abgrenzung von Religion und Wissenschaft. Hier liegen meines Erachtens die entscheidenderen Sprengsätze der Vorlesung als in dem Zitat von Manuel II. Doch zuerst zu diesem.

Jeder Wissenschaftler weiß, warum er bestimmte Zitate auswählt. Einige Analytiker der Rede glauben, aus dem Text eine Distanzierung des Papstes zu den Aussagen des Zitats herauslesen zu können. Dies mag so sein. Sicherlich passt das Zitat auch gut zu der Kernthese der Vorlesung von einem vernunftgeleiteten Gott. Manuel insistiert nämlich auf der griechischen Lehrmeinung, dass „vernunftwidrig zu handeln dem Wesen Gottes zuwider sei." Doch braucht man wirklich islamische Kriege, um Abweichungen von dieser Annahme in ihren Pathologien zu demonstrieren? Natürlich waren Mohammed und die folgenden Kalifen ausgesprochen erfolgreiche Politiker und Militärstrategen. Innerhalb der ersten hundert Jahre wurde ein enormes Imperium erobert (vgl. G. Krämer: Geschichte des Islam. 2005). Und wie bei allen Kriegen gab es ein kaum auseinander zuhaltendes Gemisch von ökonomischen, politischen und ideologischen, hier: religiösen Motiven. Der Islam zeigte sich fast vom Beginn an, spätestens jedoch seit dem Tode von Mohammed als ausgesprochen schillernd: gelegentlich tolerant gegenüber Andersgläubigen, gelegentlich aber auch nicht; sehr schnell verstrickt in Macht- und Positionskämpfe um die richtige Lehre, aber auch um den größtmöglichen Anteil an der Macht.

All dies kommt uns nur zu bekannt aus der Geschichte des Abendlandes und des Katholizismus vor: Glaubenskriege, Macht, Herrschaft, bluttriefende Missionierungen. Vermutlich kann man bei Karlheinz Deschner nachlesen, wie viele Millionen Opfer die Durchsetzung des Christentums mit sich gebracht hat. Muss man außerdem wirklich daran erinnern, dass Fundamentalismus keine islamische Erfindung ist? In Arte konnte man kürzlich sehr gute Dokumentationen über den christlichen Fundamentalismus sehen. Jedes seriöse Fachbuch über diese Frage behandelt christlichen, ökologischen oder rassistischen neben islamischen Fundamentalismus. Wozu also der provozierende Verweis auf den Islam? Dass sich Manuel nur unfreundlich über den Islam äußern konnte: angesichts des absehbaren Niedergangs das byzantinischen Reiches war dies doch all zu verständlich. Ein Gott, dem vernunftwidriges Handeln zuwider ist: Es hätte gut und gerne an dem praktizieren Christentum der Protestanten und Katholiken gezeigt werden können, wie wenig dieser Gott in der Geschichte eine Rolle spielte.

Da den Griechen und der hellenistischen Philosophie angeblich der Gedanke eines Gottes, der im Einklang mit dem Logos handelt, so vertraut war, konnte eine Enthellenisierung nur Schlechtes bedeuten. Drei solcher Wellen einer Enthellenisierung beschreibt Professor Ratzinger: die Reformation, die liberale Theologie des 19. und 20. Jahrhunderts und die aktuelle Debatte über eine je kulturell spezifische Aneignung des Christentums. Insgesamt geht es Benedikt um die Sorge über Pathologien in einer nicht mehr moralisch-ethisch domestizierten Vernunft und Wissenschaft. Bert Brecht beschreibt sie in seinem „Galilei": rechnende Zwerge sind die Verstandesakrobaten, die ohne Rücksicht auf humanitäre Kosten ihre Aufträge erfüllen. Dürrenmatt befasst sich in seinen „Physikern" mit demselben Problem. So existenziell wichtig diese Frage also ist: Sind die Antworten, die Papst Benedikt gibt, wirklich verallgemeinerungsfähig? Taugen sie wirklich als Grundlage für einen Dialog zwischen den Religionen und Kulturen, zumal denen, die nach Meinung des Papstes einen falschen Weg gegangen sind? Die Vorlesung entwickelt zur Begründung der These von einer notwendigen neuen Allianz von Wissenschaft und Glauben ein Vernunftskonzept im Anschluss an die Aufklärung, das technokratisch extrem verkürzt ist. Zweifellos: es gibt verantwortungslose Wissenschaftlerinnen und Wissenschaftler. Offenbar zeigt sich hier ein extremes Ausloten einer Position, die ursprünglich mit einem Akt der Befreiung begonnen hat. Zur europäischen Leitkultur gehört nun mal die Trennung nicht nur von Kirche und Staat, sondern auch die Befreiung der menschlichen Vernunft von dem Diktat der Kirche. Galilei ist genannt worden. Es wird wohl einen guten Grund geben, warum die 350 Jahre alten Prozessakten noch nicht öffentlich zugänglich sind. Thomas von Aquin, inzwischen heilig gesprochen und einer der wichtigsten Theologen in der katholischen Kirche, wollte im Ausgang des Mittelalters mit Mitteln der Vernunft den Glauben legitimieren. Kurze Zeit stand deshalb sein Werk auf den Index. Denn der Glaube sollte es nicht nötig haben, in dieser Weise die dienende Rolle der Vernunft in Anspruch nehmen zu müssen.

Der Kampf um die Freiheit des Denkens hat viele Menschenleben gekostet. Und dass diese Freiheit Grenzen hat, wird seit der Entstehung der neuzeitlichen Wissenschaft diskutiert, gerade von philosophisch oder religiös inspirierten Forschern. An Kritikern hat es dabei nie gefehlt. Der Aufstieg der Vernunft wurde geradezu von vehementen Infragestellungen begleitet (Roussau, die Romantik, Nietzsche, die Lebensphilosophie etc.). Und selbst Befürworter der Wissenschaften wie etwa Kant, den Benedikt als einen Hauptverursacher heutiger Pathologien einer technokratisch verkürzten Vernunft vorstellt, hat hierfür die Grundlage gelegt. Die Befugnisse der Religion wurden in der Tat reduziert in seiner Philosophie, so wie es der Papst betroffen anmerkt. Doch die Qualität des ethisch moralischen Denkens, die Priorität einer ethikgeleiteten Vernunft gegenüber dem bloß rechnenden Verstand wurde ebenfalls von ihm begründet. So gründlich übrigens, dass aktuelle Entwürfe für eine liberale und offene Gesellschaft, in der auch und gerade die Freiheit der Religion gesichert ist (Rawls, Habermas und andere), immer noch in Kant ihren Stichwortgeber und Vordenker sehen. Nein, ein Rückfall in eine Zeit, in der nicht nur die Philosophie, sondern auch die Wissenschaften richtige und falsche Lehrmeinungen entscheidet: Dies entspricht gerade nicht einer europäischen Leitkultur. Die eingangs genannten Politiker, die die Unterstützung des Papstes anmahnten, müssen sich klar darüber werden, was sie nunmehr wollen: die Umsetzung einer europäische Leitkultur, in der die Freiheit der Religion, aber auch die Freiheit von Forschung und Lehre anerkannt sind, oder eine erneute Indienstnahme und Unterordnung unter eine Weltanschauung. Auch hier muss man daran erinnern, dass die Beziehung der christlichen Kirchen zu den Menschenrechten lange Zeit problematisch war und eine uneingeschränkte Akzeptanz noch keine sonderlich lange Geschichte hat.

Der Papst hat sicher Recht mit der These, dass eine Vernachlässigung der Spiritualität des Menschen zu einem reduzierten Menschbild führt. Eine solche Spiritualität kann natürlich auch durch das Christentum und speziell den Katholizismus eingeholt werden. Eine zu selbstgewisse Überzeugung allerdings, dass nur der eigene spirituelle Weg, dass nur die eigene Auffassung von Gott eine gute Grundlage für den Dialog der Kulturen (und Religionen) ist, scheint abenteuerlich zu sein. Die Geschichte des Christentums liefert zumindest keinen Grund für eine solche selbstgewisse Position. „Freiheit" ist zurecht das oberste aller Menschenrechte. Doch Freiheit hat ihren Preis. Dies sagte schon Kant: Habe Mut, Dich Deines eigenen Verstandes zu bedienen. Ohne die Umsetzung dieser Aufforderung ist eine offene und liberale Gesellschaft (K. Popper) nicht zu realisieren.

Zuerst erschienen in politik und kultur November – Dezember 2006

Armin Conrad

Selbstsäkularisation und Benedikt-Effekt – Über einen stetigen Klimawechsel in unserer Gesellschaft

1999: Gut 300 000. 2005: Geschätzte 160 000. Die Zahl der Kirchenaustritte in Deutschland geht deutlich zurück. Gleichzeitig steigt die Zahl der Wiedereintritte und Erwachsenentaufen – immer noch niedriger als die Austritte, aber mit starkem Trend nach oben.

„Schaun mer mal", mutmaßte jüngst ein Münchener Standesbeamter schmunzelnd zur Deutschen Presseagentur, „ob das der neue Papst ausmacht". Kirche, Religion, religiös sein ist angesagt, es ist fast schon „cool". Eine bemerkenswerte Meldung vom Büchermarkt lässt uns staunen. Bücher des Autoren Josef Ratzinger hatten im vergangenen Jahr einen großen Markterfolg. Sie bevölkerten die Bestsellerlisten, die Verlage druckten Neuauflagen. Das darf man fast schon einen Trend nennen. Kirche und Konfession haben nichts Enges, Bedrückendes, Lebenslastiges mehr. Nachdem sich die deutsche Gesellschaft jahrzehntelang in einem Prozess kontinuierlicher Selbstsäkularisation befand, entdeckt „man" plötzlich „eine Weite , die die Katholizität bei Benedikt XVI. atmet."

Der Benedikt-Effekt verstärkt lediglich etwas. Der Trend war vorher da. Das Interesse an Kirche, an Glauben, an Religion wuchs schon in den neunziger Jahren. Und das ist auch keine Replik auf jene Form von muslimischer Religiösität, die mehr oder weniger für den monströsen 11. September 2001 in Haftung genommen wird. Wir nennen es Fundamentalismus, eigentlich ist das für uns wie ein Ufo und doch machen wir uns Gedanken um in unserem Sinne verwerfliches, aber doch gottgeleitetes Handeln. Und wir finden es nicht pervers, angesichts dessen unsere eigene Religiösität zu befragen. Andererseits möchten wir als moderne, vernunftgeleitete Menschen eines nicht: Dass sich eine von uns gelegentlich empfundene transzendentale Leere von Al-Qaida auf die Rechnung schreiben lässt.

„Viele Konfessionslose beten zu Gott." So lautete der erste Satz einer Meldung der katholischen Nachrichtenagentur vom 22. Februar 2006. Die EKD hatte eine Umfrage in Auftrag gegeben und dabei herausgefunden, dass ein Viertel der Menschen, die keiner Kirche angehören, „hin und wieder das Gespräch mit Gott suchen".

Jahrzehntelang, ach fast ein Jahrhundert ist es schon, haben wir den Nietzsche-Satz, dass Gott tot sei, mit einem Achselzucken begleitet. Eine Erkenntnis mit finalem Charakter, ein Totschlagargument mit faktischem Anspruch. Wir als aufgeklärte, an Vernunft und moderner Wissenschaft orientierte Menschen wollten und konnten nicht widersprechen. Gerne reihten wir Nietzsche in den von uns selbst als nicht mehr hintergehbar eingestuften Kontext der Moderne ein. Die Steigerung von „Gott ist tot" heißt: „Gott existiert gar nicht und hat nie existiert", das war der Preis, den die aufgeklärte Menschheit zahlen musste und dachte, sie hätte damit ihre Mündigkeit erworben.

Es ist ja nicht so, dass wir als rational denkende homini politici aus all diesen Erkenntnissen nichts gemacht hätten. Ein demokratisch organisiertes, emanzipiertes Zusammenleben von Menschen auch unterschiedlicher Herkunft und unterschiedlichem Temperaments, unterschiedlichen Reichtums und unterschiedlichen Lebensentwürfen, all das von Prinzipien der Humanität getragen. Eine offene, wandlungsfähige, demokratisch organisierte Gesellschaft. Darauf darf man stolz sein.

Spät merkten wir, dass all dies, dass diese eigentlich sakrosankten Errungenschaften und Avantgardes seit Immanuel Kant, mit Risiken und Nebenwirkungen verbunden sind: Wir bezeichnen es höflich als die politischökonomischen Voraussetzungen für die Moderne. Zynisch gesehen darf man auch „geistigen Überbau für den sich rational organisierenden Kapitalismus" (SZ 5. August 2006) dazu sagen. Letztendlich im Ergebnis der als brutal und inhuman empfundenen Globalisierung dienlich.

Hier hakt es. Die durch die historischen Prozesse der Aufklärung seit Kant so zentralen Begriffe wie Menschenwürde, Menschenrechte, menschliche Solidarität geraten oder gerinnen zu appellativen Hülsen, wenn fehlt, was man auf deutsch „Rückbindung" und auf lateinisch „religio" nennt. Dies zu ignorieren, war schon einer der Irrtümer des Marxismus-Leninismus, einer im 19. Jahrhundert entstandenen Ideologie, für die Religion „Opium für's Volk" war.

Das Menschsein war und ist eben keine Frage von Produktionsverhältnissen. Schon gar nicht, wenn Gott tot ist. Die Philosophen der Neuzeit haben versucht, ethische Normen und Sinnstiftungen zu entwickeln, sie haben es mal mit der Psychologie gehabt, mal mit der Soziologie. Sie sind gescheitert. Letztlich hat alles, was in den letzten Jahrzehnten an areligiösen Sinnbildungsversuche und Wertedebatten aufschien, zu einem Resultat geführt: Den weitgehend wertfreien Neoliberalismus. Das stimmt den einen fröhlich und sorgt beim anderen für Gewissensbisse. Und machen wir uns nix vor: Die in diesem Diskurs erfundenen und oft beifällig-ehrfürchtig begleiteten Ethik-Kommissionen sind nichts anderes als parareligiöse Placebos. Der in ihnen versammelte Sachverstand von Wissenschaftlern und Spezialisten kann er uns geben, was wir für ein bewusstes Leben bräuchten: Eine innere Überzeugung und Einstellung zu Umwelt und Mitmenschen. Nicht wirklich.

An dieser Stelle kommen wir auf ein weiteres, ein Kommunikationsproblem der Moderne, das uns gerade in der Auseinandersetzung mit dem islamischem Fundamentalismus noch lange quälen wird. Wir können es kaum formulieren, was wir uns wünschen. Sagen wir: Der innere Antrieb für unser Tun. Wir führen im Geiste den Dialog mit einem Selbstmordattentäter. Gefährlich! Wir fragen, warum er das tut. Noch gefährlicher! Er antwortet: Für Allah! Wie soll ein weitgehend areligiös gestrickter Mensch dieses Gespräch weiterführen?

Die Frage ist, ob das, worauf wir stolz sein dürfen, als religiöse Währung taugt. Wir leben in einer von menschlichen Tugenden getragenen Gesellschaft. Die Pfeiler unserer aktuellen Wertedebatte, die Begrifflichkeiten rund um Toleranz, Respekt, Gerechtigkeit, Frieden, Menschenwürde, Meinungsfreiheit sind auch Ableitungen aus religiösem Tun. Sie sind Deutungen, Appelle, Gewissheiten, die sich einerseits durch religiöse Festigkeit begründen, die aber eben auch aus dem Gebrauch der menschlichen Vernunft ihre Bedeutung beziehen. Aber können sie bereits eine Art moderner Zivilreligion sein? Sie können es wohl nicht, weil sie für sich genommen zu einer Art marktgerechtem Moralkompott, zu einer transzendentalen Wundertüte werden. Gutgemeinte kategorische Imperative, die, weil sie nur allgemeines fordern und nichts erzählen, niemals Ergriffenheit oder Trost erzeugen können.

Der Mensch im 21. Jahrhundert fühlt sich gefangen in den Gesetzmäßigkeiten einer sich technologisch ständig neu häutenden Welt. Die Kräfte des Kapitalismus sind inzwischen durchaus in der Lage, auch unsere Triebe und seelischen Regungen zu steuern. Nur: eine Religion kann auch dieser Kapitalismus nicht mal darstellen, auch wenn manche erregte Ironie ihm das andichten möchte.

Am Ende manches Wegs im Leben bleibt uns das, was der Philosoph (und Marxist) Ernst Bloch als „unabgegoltenen Rest" formuliert hat. Jene Bilder und Rituale, die selbst dann noch hoffnungsgeladene, heilende oder tröstende Energie entfalten, wenn sie uns hoffnungslos verstaubt und anachronistisch erscheinen. Manifestationen der Gläubigkeit eben.

Auch ein erklärter Atheist kann sich diesem Kraftfeld wohl nicht entziehen. Er möchte es vielleicht auch gar nicht. Das ist wohl der Grund, warum die Umfrage der EKD das oben genannte Ergebnis hatte. Die Wahrnehmung einer ortlos erscheinenden, von Wertschöpfungstrieben gesteuerten Welt voller fassungslos machenden Erfahrungen mit Heuschrecken-Kapital, archaischen Menschen-Archen und Flüchtlingsströmen vor Touristenparadiesen und Stacheldrähten der Wohlstandsinseln, diese Wahrnehmung lässt die Sinnfragezeichen sich neu aufstellen.

Nietzsche ist tot, nicht Gott. Ob es jetzt an Benedikt liegt oder an wie auch immer geführten Debatten über Leitkultur und Werte, auch an deutschen Schulen ist ein Klimawechsel festzustellen. Von überall her haben Schulen und Pädagogen der Deutschen Bischofskonferenz vermeldet, dass das, was bis vor einigen Jahren als verstaubt und wenn es ging, vermeidbar galt, zu einer Botschaft geworden ist, „die frei macht, die etwas tolles ist, von der man anderen erzählen will". Gemeint ist der Religionsunterricht.

So wird dieser Trend auch in der Kultur sichtbar. Neue kulturelle Impulse aus dem Internet, virtuell-mediale Kunstgriffe oder Kunststücke sind nur schwer religiös aufladbar. Das spüren viele, die sich alltäglich über Laptops und Handys an die Welt andocken. Ergriffenheit, Trost, Kontemplation, das schaffen ein Gospel-Song oder ein Präludium von Bach. Oder eben die Stille eines religiös definierten Raums. Xavier Naidoo weiß das vermutlich schon länger.

Zuerst erschienen in politik und kultur September – Oktober 2006

Katrin Göring-Eckardt

Es kann keinen kulturellen Rabatt geben – Von der Unabdingbarkeit eines konstruktiven Dialogs der Kulturen

Blickt man in die Welt, scheint ein konstruktiver Dialog der Kulturen in weite Ferne gerückt, eher werden breite Gräben gezogen als Brücken gebaut. Die Auseinandersetzungen sind religiös aufgeladen; auf der einen Seite werden überwunden geglaubte Kreuzfahrerparolen bemüht, auf der anderen Seite ertönt der Aufruf zum Heiligen Krieg.

Der Papst, eine Figur des Friedens – eigentlich – ist nach der Regensburger Vorlesung zumindest unter Rechtfertigungsdruck geraten und die völlig überzogenen Reaktionen in Teilen der muslimischen Welt sind mehr als beunruhigend. Vom Besuch Benedikt XVI. in der Türkei weiß man nicht recht, ob man das Beste hoffen oder das Schlimmste erwarten soll. Gleichzeitig gab es hier zum ersten Mal einen ernsthaften Disput in der Sache, immerhin ein Hoffnungszeichen.

Und dennoch: Um zu einem friedlichen Miteinander zu kommen, führt kein Weg am Dialog, am Ringen um Verständigung vorbei. Dazu braucht es dreierlei: Das Wissen um die Motivation und die Hintergründe des Handelns des Anderen, die Verortung und Klarheit der eigenen Position und nicht zuletzt die Bereitschaft und die Gelegenheit zum respektvollem und ehrlichen Austausch.

Gleichwohl es noch Potential auf beiden Seiten gibt, findet in unserem Land interkultureller Dialog statt. Und die Kirchen spielen hierbei eine positive Rolle. Dabei ist der interkulturelle mit dem interreligiösen Dialog verschränkt und obwohl interkultureller Dialog nicht allein auf die Auseinandersetzung mit dem Islam verengt werden darf, kommt ihr doch eine besondere Bedeutung zu.

Häufig wird Muslimen mit Misstrauen begegnet, zu sehr haben wir die Überlagerung des Islam durch Islamismus verinnerlicht. Doch wie viel Angst und Ablehnung resultiert aus Unverständnis: Nur wenige von uns kennen die religiösen Grundlagen, wissen, was in den Moscheen geschieht, verstehen, warum manche Muslima ein Kopftuch tragen und andere nicht. Hier leisten die Kirchen mit Bildungs- und Aufklärungsarbeit einen wertvollen Beitrag. Zahlreiche Schriften zur Einführung in den Islam sind publiziert, besonders an den kirchlichen Akademien und Bildungshäusern ist die Beschäftigung mit dem Thema fester Bestandteil des Programms. In zahlreichen Gemeinden finden Informations- und Diskussionsabende statt, ein Umstand, der gar nicht hoch genug bewertet werden kann, denn oftmals sind gerade in ländlichen Regionen Kirchengemeinden der einzige Ort für derartige Veranstaltungen.

Früh haben die Kirchen den Kontakt zu den Vertretern der muslimischen Verbände in Deutschland gesucht. Bereits 1976 wurde beispielsweise die Islamisch-Christliche Arbeitsgruppe gegründet. Solche Gremien und Arbeitskreise sind heute in beinahe jeder Landeskirche und jedem Bistum, bis hinauf zur europäischen Ebene verankert. Dass darin neben den muslimischen Vertretern fast immer Mitglieder beider christlicher Kirchen mitarbeiten, ist der Sache natürlich angemessen, aber eben auch ein positiver Nebeneffekt für die ökumenische Zusammenarbeit.

Über die regelmäßigen Spitzentreffen und institutionalisierte Zusammenarbeit hinaus sind es vor allem die Begegnungen vor Ort, die den interkulturellen Dialog tragen und ausmachen. Denn Zusammenleben ist etwas Persönliches und wir müssen zuerst uns selbst bewusst werden, was wir wollen und wie wir es erreichen können. Oft werden vor Ort runde Tische der Religionen organisiert, die grundsätzliche Fragen thematisieren, aber auch konkrete Probleme im alltäglichen Zusammenleben diskutieren. Kirchgemeinden können Orte der Begegnung und eben auch der Auseinandersetzung sein. Hier wünsche ich mir noch mehr Offenheit und eine Haltung mit dem Ziel, Fremdheiten zu überwinden und den Anderen als Bereicherung und nicht als Bedrohung zu verstehen. Von den muslimischen Gemeinden erhoffe ich mir eine Öffnung in der gleichen Weise.

Da ist es ein Hoffung machendes Zeichen, dass sich muslimische Gemeinden mit einem *Tag der offenen Moschee* an der „Woche des ausländischen Mitbürgers" beteiligen. Diese Woche ist, einst von den Kirchen ins Leben gerufen, seit nunmehr 30 Jahren eine Plattform gemeinsamen Voneinanderlernens und Miteinanderfeierns. Aber wir müssen über dieses eine Zeichen und die Symbolik hinaus kommen. Begegnung und Verständnis füreinander darf das nicht aussparen, wo Verständigung schwer fällt und wo es Unterschiede gibt.

Dialog, das bedeutet Offenheit für die Ansicht des anderen, aber auch die Selbstgewissheit der eigenen Position. Wenn es um die Fragen geht, wie wollen wir leben, wie stellen wir uns Zusammenleben vor, erlebe ich oft eine gewisse Sprachlosigkeit. Und die Antwort eines Muslim, nach dem Grund seines Handelns gefragt: „Weil Allah es so will", verwirrt uns, weil wir eine solche Rückbindung selbst kaum noch kennen. Interkultureller Dialog erfordert daher auch eine neue Debattenkultur, eine Selbstvergewisserung über die eigenen Werte, die Quelle, aus der heraus wir leben. Wofür stehen wir? Was macht unsere Identität aus? Wo ist Toleranz gefragt und wo findet sie ihre Grenzen? Hier vermisse ich, dass sich nicht viel mehr Menschen zu Wort melden, Schriftsteller, Künstler, Wissenschaftler. Und ich bin gespannt, ob und wie Kirche diese Herausforderung in der Zukunft annimmt. Eine kirchliche Antwort, die auf das christliche Abendland rekurrieren wollte, würde dabei freilich über das Ziel hinausschießen. Die erreichte Trennung von Kirche und Staat ist angemessen und das deutsche Modell des Kirche-Staat-Verhältnisses tragfähig. Ich trete dafür ein, es auch konsequent anzuwenden und eine Gleichstellung des Islam voranzubringen – mit gleichen Rechten und gleichen Pflichten. Gerade die christlichen Kirchen in Deutschland können vorbildhaft zeigen, wie es gelingen kann, getrennt vom Staat den eigenen Platz zu finden und dennoch gehört zu werden und in die Gesellschaft hinein zu wirken. Das bedeutet natürlich auch, nicht den Aufstand zu proben, sondern bis in die letzte Kirchenbank hinein Toleranz zu predigen, wenn in der Nachbarschaft eine Moschee gebaut werden soll. Es ist den Kirchen ja dennoch unbenommen, auf dem Markt der religiösen Möglichkeiten das überzeugendste Angebot zu machen.

Wenn es um die rechtliche Gleichstellung des Islam in Deutschland geht, ist es unabdingbar, dass sich die Glaubensausübung innerhalb der Verfassung abspielt. Es kann keinen kulturellen Rabatt geben bei der Verletzungen der Menschenrechte durch Zwangsverheiratung oder Ehrenmorde und es ist auch nicht einzusehen, warum muslimische Mädchen nicht am Schwimmunterricht oder an Klassenfahrten teilnehmen sollen. Und bei Fragen von Operninszenierungen und Karikaturen sollten wir die Freiheit der Meinung und Freiheit der Kunst verteidigen, was eine Selbstzensur ausschließt zugleich aber auch achten, was anderen heilig ist.

Der Dialog der Religionen und Kulturen in Deutschland entwickelt sich positiv, aber er kennt auch Rückschläge und Enttäuschungen, wenn der Partner sich weniger gesprächbereit zeigt als das Gegenüber es sich wünscht. Und in Bezug auf den rein interreligiösen Dialog sei angemerkt, dass die Kirchen in ihrem Bereich nicht die gleichen Unklarheiten zulassen sollten, wie es mitunter bei einem missverstandenem Multikulturalismus geschah – wir brauchen kein anything goes und kein religiöses Ineinander um jeden Preis. Die Kirchen sollten, respektvoll zwar aber doch offensiv, die christliche Botschaft verkünden.

Nichts jedoch sollte uns davon abhalten, immer wieder gesprächsbereit zu sein gegenüber jenen, die andere religiöse und kulturelle Wurzeln haben. Das schließt natürlich auch die Aufforderung und den Anspruch an diese Menschen ein, sich ebenso zu verhalten. Für das Zusammenleben in einer Gesellschaft, in der Menschen mit verschiedenen kulturellen und religiösen Wurzeln leben, brauchen wir den Dialog.

Ziel eines solchen Dialogs kann es sein, die Entwicklung eines Europäischen Islams mit positiven Impulsen in die islamische Welt hinein zu bestärken und Ziel muss es sein, eine kulturell plurale Gesellschaft mit selbstverständlichem Bekenntnis zu den Werten unseres Grundgesetzes zu organisieren.

Zuerst erschienen in politik und kultur Januar – Februar 2007

Thomas Sternberg

Die Kirchen als kulturpolitische Akteure. Zum Beitrag eines Vertreters der Kirchen in der Enquete-Kommission „Kultur in Deutschland"

Beschäftigt man sich mit europäischer Kultur, dann ist deren Verankerung in ihren christlichen Traditionen unübersehbar. Bibel und Christentum sind seit 1700 Jahren Grundlage europäischer Kultur in Recht, Wissenschaft, Haltungen, Gebräuchen und Kunst.

Dies gilt nicht nur in einem weiten Begriff von Kultur, sondern auch für Kultur im engeren Sinne der künstlerischen Ausdrucksweisen. Unsere Städte und Dörfer werden geprägt durch Kirchenbauten, die Sprache basiert auf der Bibelübersetzung Martin Luthers, Literatur und Theater variieren biblische Anspielungen, die Musik entwickelte sich aus der textbetonenden Musik der Gregorianik, die Bildende Kunst geht auf die Darstellung biblischer Ereignisse zurück. Die Museen sind angefüllt mit Werken christlicher Thematik und was bliebe in den Kunstreiseführern übrig, tilgte man alle christlichen Bau- und Kunstwerke? Die Bibel ist für Europa das wichtigste „Weltkulturerbe". Noch bis in die Zeit der Reproduktionstechniken von Musik und Bild vor 200 Jahren waren die kulturellen Erfahrungen der meisten Deutschen christlich gebunden, und selbst am Anfang der massenhaften Literaturverbreitung steht mit dem vielgelesenen Messias von Klopstock ein religiöser Stoff. Dieses christliche Erbe ist für die kulturelle Identität Europas konstitutiv.

Dies gilt nach wie vor, wenn auch in einer erheblich verminderten Exklusivität. Kunstgeschichte ist zwar auch die Geschichte der Ablösung von kirchlichen und christlich motivierten Auftraggebern, aber dennoch wirken die christlichen Themen nach und trotz der „verlorenen Nähe" von Kirchen und Kunst sind die Verbindungen auch in der aktuellen Kunst immer wieder zu greifen. Das Musikleben, die Kunstmuseen und Ausstellungen, die Bühnenwerke und die Literatur zeugen trotz aller Säkularisierungsphänomene auch in der Gegenwart von den fortwirkenden Potentialen. Noch in Werbung und Pop-Kultur funktionieren die Verweise auf die christliche Motivtradition, selbst dann, wenn sie nur ausgeschlachtet oder subtil für andere Zwecke ausgenutzt werden. Das christliche Erbe wird in dem Maße wichtiger, als es zu unsicheren Identitäten angesichts kultureller Infragestellung kommt.

Im 19. Jahrhundert wurden die theoretischen Grundlegungen der Kultur nicht zuletzt durch Theologen geschaffen. Gleichzeitig versuchten Kirchen Sonderkulturen herauszubilden – eine Absicht, deren Scheitern in der katholischen Kirche spätestens durch das II. Vatikanische Konzil vor 40 Jahren eingestanden wurde. Obwohl kirchliche Stellungnahmen zur Kultur zumeist auf die Bereiche der Künste bezogen sind, die in einem unmittelbaren Zusammenhang zu kirchlichen Nutzungen und Räumen bezogen sind, haben sie doch auch ein Interesse an der Pflege des pluralen kulturellen Lebens in Deutschland, wie es etwa das Zentralkomitee der Katholiken 1999 und die evangelischen Kirchen 2001 jeweils in ihrer Kulturdenkschrift verdeutlicht haben. Die Kirchen treten selbst als Akteure des kulturellen Lebens in Deutschland auf. In den Publikationen und Statistiken kommt dieser Bereich erstaunlicherweise in der Regel nicht vor. Wohl wird die Musik gelegentlich wahrgenommen, aber auch sie keineswegs umfassend. Dabei sind hier beeindruckende Zahlen zu nennen.

Als erstes Beispiel das Musikleben: hier sind vor allem die Kirchenchöre, die Dom- und Pfarrsingschulen zu nennen, die vom einfachen Laienchor bis zu Spitzenensembles reichen. In 16.000 katholischen Chören sind mehr als 400.000 Chormitglieder tätig. Im Bereich der EKD kommen in fast 26.000 Kirchen- und Posaunenchören etwa 450.000 Musikerinnen und Musiker zusammen. Hauptberufliche Kirchenmusiker beschäftigen die Kirchen der EKD über 2.300, die katholische 1.600, wozu allein im katholischen Bereich nochmals 15.600 nebenberufliche Kirchenmusiker kommen. Sie werden in 34 katholischen und evangelischen Kirchenmusikschulen ausgebildet. Von Bau und Unterhalt der Orgeln in den Kirchen in Deutschland kann sich jeder ein Bild machen, der die Fülle erstklassiger Instrumente einmal mit dem Stand in anderen europäischen Ländern vergleicht. Die Zahl der Kirchenkonzerte liegt allein bei den evangelischen Gemeinden bei ca. 35.000. Auf dem Land sind Kirchenräume zum Teil nach wie vor der nahezu einzige Ort der Berührung mit Kunst.

Im Bereich der Bildenden Kunst sind vor allem die kirchlichen Museen und Schatzkammern zu nennen, von denen die katholische Kirche 43 in alleiniger und weitere mehr als 100 in konzeptioneller oder finanzieller Beteiligung unterhält. Das Ausstellungswesen der Kirchen, die Tagungen und Kunstaktionen sind hier nicht im Einzelnen aufzuführen.

Beispiel Literatur: Katholische und evangelische öffentliche Büchereien nehmen eine ortsnahe Grundversorgung mit Literatur wahr. In den mehr als 4.000 katholischen Büchereien stehen über 20 Millionen Medien-Einheiten zur Ausleihe, die von mehr als 25.000 ehrenamtlich tätigen Mitarbeiterinnen und Mitarbeitern geführt werden. Die über 5.000 öffentlichen und Klinik-, Gefängnis- und Anstaltbüchereien (über 1.000 im evangelischen Bereich) in kirchlicher Trägerschaft machen rund 40% der öffentlichen Büchereien aus. Hinzu kommen kirchliche, öffentliche wissenschaftliche Bibliotheken, Diözesan- und Hochschulbibliotheken sowie öffentlich nutzbare Archive. Die Arbeitsgemeinschaft der katholischen Presse umfasst zur Zeit 75 Zeitschriftenverlage und 50 Buchverlage. Die Kirchen loben eine Reihe von Literaturpreisen aus: vom katholischen Kinder- und Jungendbuchpreis bis zum evangelischen Marie-Luise Kaschnitz-Preis.

Zum Beispiel Denkmalpflege: Kirchen sind identitätsstiftende Gebäude weit über die aktive Gottesdienstgemeinde hinaus. Welche Bedeutung sie selbst in völlig entchristlichten Gebieten haben, wird bei Abbruchabsichten deutlich. Kirchenführungen erfreuen sich größter Beliebtheit und werden zumeist ehrenamtlich organisiert. Zwischen 1996 und 2000 hat allein die katholische Kirche über 2 Milliarden Euro in den Denkmalschutz investiert. Sie ist damit nach dem Staat die Institution mit dem größten finanziellen Engagement im Denkmalschutz. Die öffentlichen Zuschüsse für den Erhalt von Kirchengebäuden machen weniger als 1zehn Prozent aus. Allein 20 katholische Kirchengebäude in Deutschland stehen auf der Liste des Weltkulturerbes der UNESCO.

Vom Film wäre zu reden: nicht allein über die kirchlichen Filmgesellschaften, sondern über Medienstellen, wie sie in allen deutschen Bistümern und Landeskirchen bestehen, über den renommierten „filmdienst" als Rezensionsorgan, über Lizenzerwerb und Vertrieb des „katholischen Filmwerks" in Frankfurt, das die Rechte an zwei Oscarprämierten Kurzfilmen hält. Von der kulturellen Bildung in der weit entwickelten kirchlichen Erwachsenenbildungsarbeit mit ihren Familien- Bildungsstätten, den Heimvolkshochschulen und Akademien wäre zu reden. Dass in der Bildungsarbeit der Kulturendialog ein zentrales Thema ist, sei nur am Rande vermerkt.

Dabei ist noch nicht von der Liturgie der Kirche gesprochen, die selbst den vielleicht wichtigsten Beitrag zur Kultur darstellt.

Welche Wünsche haben die Kirchen an die Weiterentwicklung der Kulturpolitik im Rahmen einer Kommission des Bundestages, dem weder grundgesetzlich noch in der Praxis der erste Rang auf diesem Politikfeld zukommt? Der Bund kann für Rahmengesetze und für die überregionale Debatte von Problemen sorgen, die vor allem auf der lokalen Ebene diskutiert werden. Die Kirchen wollen eine dezentrale und plurale Kulturpolitik, die ihre kulturellen Tätigkeiten nicht behindert, sondern stützt. Vor allem sollte diese Tätigkeit in ihrem Volumen die angemessene Wahrnehmung in den kulturpolitischen Debatten finden. Die kulturelle Tätigkeit der Kirchen soll mit privaten, staatlichen und privaten Aktivitäten vernetzt werden können. Unter den Stichworten „bürgerschaftliches Engagement", „Soziokultur", „Kulturelles Erbe", „Public-private-Partnership", „Ehrenamtsförderung", „soziale Sicherheit im Kulturbereich" und „kulturelle Bildung" können kirchliche Aspekte eingebracht werden. Deutschland als Kulturnation wird durch die Kirchen und ihre Aktivitäten wesentlich mitgeprägt. Es stellen sich für die Kirchen die Fragen, wie bei zurückgehenden Kirchenanteilen von zur Zeit noch zwei Dritteln der Bevölkerung und schwindender finanzieller Sicherheit dieser Kulturbeitrag zu sichern ist.

Auf diesem Feld der Politik möchte ich die Stimmen der Kirchen in den Diskurs der Enquete-Kommission einbringen. Außerhalb dieser kirchlichen Themen werde ich mich von meiner kommunalen kulturpolitischen Erfahrung her vor allem um die Frage einer Einbeziehung von Kulturräumen in oberzentrale Kulturaufgaben der Städte einbringen. Die Kommunen erbringen über 70 Prozent der Aufwendungen für Kultur als „freiwillige" Aufgaben. Damit verknüpft ist die Definition von kulturellen Aktivitäten als kommunale Pflichtaufgaben. Für den Erhalt der Theater- und Orchesterlandschaft werden diese Fragen überlebenswichtig werden. Von meiner beruflichen Profession her beschäftigt mich das Feld der kulturellen und ästhetischen Erwachsenbildung, die in den Weiterbildungsgesetzen zu verankern ist und nicht, wie soeben in NRW durch den Verlust jeglicher Förderung akut gefährdet ist.

Die Kirchen haben an einem entwickelten kulturellem Leben auch abseits der unmittelbaren Nutzungsinteressen von künstlerischen Produktionen ein starkes Interesse. Ihr Einsatz gilt zuerst und besonders deutlich dem Bereich des Sozialen, wo sie ein unübersehbarer Partner des Staates sind (– und auch im Themenbereich zwei „die wirtschaftliche und soziale Lage der Künstler" der Enquete handelt es sich um ein soziales Thema!). Sie wollen sich engagieren, auch abseits der thematischen Verknüpfung mit religiösen Inhalten. Denn an einem entwickelten kulturellen Leben, dass nicht in Event, Trivialisierung und Vernutzung aufgeht, haben Christen ein fundamentales Interesse. Kultur als Bewahrung eines Bereiches, der sich Übernützlichkeit und Zweckfreiheit zumindest im Kern bewahrt und damit Ortsbestimmung und Zukunftsperspektive ermöglicht.

Zuerst erschienen in politik und kultur Januar – Februar 2004

Olaf Zimmermann

Kein weiter so wie bisher – zum Zukunftskongress der EKD
Das Impulspapier „Kirche der Freiheit. Perspektiven für die evangelische Kirche im 21. Jahrhundert"

Die Evangelische Kirche in Deutschland (EKD) hat unter dem Titel „Kirche der Freiheit. Perspektiven für die evangelische Kirche im 21. Jahrhundert" ein Impulspapier vorgelegt, das es in sich hat. Wenn die Evangelische Kirche einfach so weiter macht wie bisher, so steht es in dem Papier, wird sie im Jahre 2030 auf Grund der demographischen Entwicklung und den Folgen aus den zurückliegenden Austrittswellen ein Drittel weniger Kirchenmitglieder und nur noch die Hälfte der heutigen Finanzkraft haben. Die Schonungslosigkeit der Analyse in dem Papier ist überraschend und erfrischend zugleich. Auf dem Zukunftskongress der EKD „Kirche der Freiheit im 21. Jahrhundert" vom 25. bis 27. Januar 2007 in Wittenberg wurde über das Impulspapier kontrovers debattiert.

Für den Kulturbereich ist diese Diskussion in zweifacher Hinsicht bedeutsam. Sie ist ein Beispiel, wie die Herausforderungen des demografischen Wandels diskutiert werden können und sie rückt den Kulturbereich und die Kirchen, die vor ähnlichen Herausforderungen stehen enger zusammen. Im Zuge des demografischen Wandels ändern sich die beruflichen, privaten und sozialen Lebenslagen der Menschen aller Generationen grundsätzlich. Lebensläufe und Lebensformen individualisieren sich immer stärker. Nicht nur die Kirchen, sondern auch die Kultureinrichtungen müssen auf diese Veränderungen reagieren, wenn sie nicht ihr „Publikum" verlieren wollen. Wie wird, das war eine Frage auf dem Zukunftskongress der EKD, der Kulturort Kirche im Jahr 2030 aussehen?

Doch noch in einer anderen Hinsicht stehen der Kulturbereich und die Kirchen vor ähnlichen Herausforderungen. In dem Impulspapier wird selbstkritisch die Frage gestellt, ob sich die Evangelische Kirche nicht zu stark auf sich bezieht, ob sie sich „vereinsmäßig" auf die Menschen konzentriert, die ihr angehören, statt sich zu öffnen. Eine Frage, die auch in verschiedenen Kultureinrichtungen debattiert wird, soll sich auf das Stammpublikum konzentriert und dieses möglichst gut zufrieden gestellt werden oder soll das Wagnis eingegangen werden, neue Besucher zu gewinnen, unter der Gefahr, die vorhandenen zu „vergraulen". Im Impulspapier der Evangelischen Kirche wird eine Antwort darauf gegeben, die Gemeinden sollen sich nach außen wenden. Sie sollen präsent sein und ihre Arbeit soll missionarisch sein.

Missionarisch sein – widerspricht dieses nicht der zurzeit gefeierten kulturellen Vielfalt? Ist es noch zeitgemäß von Mission zu sprechen oder gehört diese Begrifflichkeit angesichts des Pluralismus an Meinungen und Glaubensrichtungen heute nicht in die Asservatenkammer? Und stehen nicht auch die Kultureinrichtungen vor der Herausforderung, ihren Kanon zu begründen und zu vertreten?

Im Impulspapier der Evangelischen Kirche ist die Rede davon, dass nicht mehr in jedem Ort eine Gemeindestruktur aufrechterhalten werden kann, wenn die Zahl der Gemeindemitglieder zu klein wird. Statt einer Vielzahl „schwacher" Gemeinden sollen ausstrahlungsstarke evangelische Begegnungsorte geschaffen werden. D.h. statt Quantität soll auf Qualität gesetzt werden. Eine Debatte, die auch dem Kulturbereich nicht fremd ist. Was ist die richtige Strategie, die Aufrechterhaltung einer Kultureinrichtung auch wenn sie finanziell bereits so ausgeblutet ist, dass nur noch der Mangel verwaltet wird oder die Konzentration auf einige wenige Orte mit Ausstrahlungskraft? Doch wie können Menschen an Kultur herangeführt werden, wenn das Angebot vor Ort ausgedünnt wird?

Und noch in einer weiteren Hinsicht ähneln sich der Kulturbereich und die Evangelische Kirche. Beharren, wenn es um Kulturfragen geht, sechzehn Länder auf ihre Kulturhoheit, so sind es in der Evangelischen Kirche 23 Landeskirchen, die sehr genau ihre Unterschiede im Blick haben und ihre Eigenständigkeit gewahrt wissen wollen. So ist die Fusion von Landeskirchen für einige ein ebenso großer Frevel wie der Gedanke, dass die Bundesländer Bremen und Niedersachsen einmal fusionieren könnten. Und natürlich ist es hier wie dort die Kultur, die unterscheidet.

Die Evangelische Kirche kann auf einen gemeinsamen kulturellen Kernbestand zurückgreifen und kann durch Kultur Zugänge zur Kirche eröffnen. In besonderer Weise gelingt dieses in der evangelischen Kirchenmusik, die zum kulturellen Kanon gehört. Kirchenkonzerte für die öffentlich geworben wird, werden nicht nur von Mitgliedern der Evangelischen Kirche besucht. Sie sind offen für jedermann und bieten damit Zugangswege zur Kirche und zur Kunst. Auch in anderen künstlerischen Sparten speziell durch Lesungen oder Ausstellungen können Menschen erreicht werden, denen die Kirche entweder fremd geworden ist oder die bislang mit der Evangelischen Kirche noch nicht in Berührung gekommen sind. Kultur kann und sollte, das wurde bei dem Zukunftskongress der EKD deutlich, zu einem Schlüssel werden, mit der Kirche in Kontakt zu kommen. Angebote der kulturellen Bildung, die zu aktiver Rezeption, aber auch zu eigenem Tun einladen, können bislang kirchenfremde Menschen erreichen. Kulturelle und religiöse Bildung gehen dabei oft Hand in Hand, denn viele Werke der Bildenden Kunst, der Literatur, der Musik aber auch der Architektur erschließen sich erst durch eine entsprechende religiöse Bildung. Damit dieses gelingt, muss auch der Ausgestaltung der Kirchen besondere Aufmerksamkeit geschenkt werden. Der Kirchenraum ist mehr als „ein Dach über den Kopf" für den Gottesdienst. Im Kirchengebäude manifestiert sich das Leben der Gemeinde. Die Bedeutung des Kirchengebäudes für die Menschen, der Kirche im Dorf, wird besonders in weitgehend säkularisierten Gegenden in Ostdeutschland deutlich. Obwohl viele Menschen nur eine geringe religiöse Bindung haben, wollen sie auf ihre „Kirche im Dorf" nicht verzichten. Sie bietet Heimat.

Auf dem Zukunftskongress der EKD „Kirche der Freiheit im 21. Jahrhundert" spielt der Heimatbegriff deshalb auch eine große Rolle. Kirche ist Ort von Beheimatung, Symbolische Orte sind zu pflegen, Zugehörigkeit als ortsunabhängiges Zugehörigkeitsgefühl sind zu stärken, Frage nach der Identität sind zu beantworten, Kulturelle Beheimatung auf Zeit ist zu bieten, sind nur einige der Stichworte die heftig diskutiert wurden. An das Heimatgefühl muss gezielt angeknüpft werden, kulturelle Angebote können dabei eine Brücke bilden. Hierbei müssen die Kirchentüren gerade für Kulturvereine vor Ort weiter als bislang üblich geöffnet werden. Die weltlichen Gesangvereine und Musikgruppen sollten in der Kirche genauso ihre (Proben-) Heimat finden wie andere Vereine der lokalen Breitenkultur.

Verantwortung für die kulturelle Grundversorgung

Die Kirche muss selbstverständlicher Ort der Breiten- und der Hochkultur vor Ort sein. Gerade der demografische Wandel erzwingt ein radikales Umdenken bei der flächendeckenden zur Verfügungsstellung von öffentlichen Kulturangeboten. Der demografische Wandel zeigt sich nicht nur in einem größer werdenden Anteil älterer Menschen, sondern auch in regionalen Disparitäten. Bereits seit mehreren Jahren sind innerhalb Deutschland Bevölkerungsbewegungen zu verzeichnen. Menschen ziehen aus wirtschaftlich schwierigen Regionen mit einer hohen Arbeitslosigkeit weg in prosperierende Regionen. Am augenfälligsten ist diese Veränderung in den neuen Bundesländern. Die „schrumpfenden" Städte und Kommunen werden die notwendige kulturelle Infrastruktur für die Bevölkerung nicht aufrechterhalten können. Die sich daraus auch für die Evangelische Kirche ergebenden Konsequenzen wurden auf dem Zukunftskongress der EKD nur angerissen.

Die Evangelische Kirche kann und sollte die Verantwortung für die Grundversorgung mit Kunst und Kultur sowie Kultureller Bildung in Kooperation mit der öffentlichen Hand, aber auch zunehmend alleine offensiv übernehmen wollen. Kulturelle Grundversorgung meint ein möglichst flächendeckendes Kulturangebot in den verschiedenen künstlerischen Sparten, das zu erschwinglichen Preisen, mit niedrigen

Zugangsschwellen breiten Teilen der Bevölkerung, nicht nur den Mitgliedern der Kirche, kontinuierlich und verlässlich zur Verfügung steht. Neben der quantitativen Sicherung von kulturellen Angeboten vor Ort ist deren Qualität ein wesentliches Charakteristikum. Sowohl die individuelle Künstlerförderung, als auch die Förderung von künstlerischen Projekten gehören ebenso zur kulturellen Grundversorgung.

Die Verantwortung der Kirchen für die kulturelle Grundversorgung der Bevölkerung ist ein wichtiges Thema für zukünftige Debatten innerhalb der Kirchen, aber auch zwischen dem Kulturbereich und den Kirchen.

Spannungsfeld von Kunst und Kirche

Das Verhältnis von Kunst und Kirche ist und war immer spannungsgeladen. Biblische Geschichten bieten ein geradezu unerschöpfliches Reservoir für Künstlerinnen und Künstler. Die Kirche war in früheren Jahrhunderten einer der wesentlichen Auftraggeber speziell für Bildende Künstler und Musiker. Zugleich haben sich Künstlerinnen und Künstler an der Kirche gerieben, haben mit der Institution Kirche aber auch mit ihrem ganz persönlichen Glauben gerungen. Gerade diese Auseinandersetzung kann eine besondere Inspirationsquelle sein. Sie zeigt, dass der Glaube nicht selbstverständlich ist, dass er ein Fundament sein kann, welches ins Wanken gerät. Die Auseinandersetzung von Kunst und Kirche kann gerade jenen Mut machen, die zögern, sich mit Religion, Glaube und Kirche auseinander zu setzen. Sie kann Kräfte frei setzen und den Wege eröffnen. Die Kirchen sind daher gut beraten, gerade diesem Spannungsfeld von Kunst und Kirche mehr Aufmerksamkeit zu schenken.

Positive Signale

Die Berufung der Kulturbeauftragten der EKD im letzten Jahr ist mit großem Interesse und Erwartungen von der Kulturszene in Deutschland aufgenommen worden. Mit dieser Berufung hat die Evangelische Kirche ein deutliches Signal gesetzt, dass Kultur und Kirche eine untrennbare Einheit bilden. Um die Chance der Zusammenarbeit von Kultur und Kirche auch in der Fläche sicherzustellen, ist es erforderlich, kulturelle Kompetenzzentren in den Landeskirchen weiterzuentwickeln bzw. aufzubauen, die einen kompetenten Umgang mit Kunst und Kultur und besonders auch dem reichhaltigen kirchlichen Kulturgut sicherstellen, gleichzeitig aber auch Ansprechpartner für die Künstlerinnen und Künstler sowie die Kulturverbände und die Kulturpolitik sind.

Mit dem Impulspapier „Kirche der Freiheit – Perspektive für die Evangelische Kirche im 21. Jahrhundert" und dem Zukunftskongress in Wittenberg hat die Evangelische Kirche ein Signal gesetzt. Sie nimmt für sich in Anspruch, im 21. Jahrhundert von Bedeutung zu sein, den Menschen eine Botschaft vermitteln zu können. Bischof Huber nannte diese: „Die Schönheit des Evangeliums zeigen". Zugleich lässt sich die Evangelische Kirche auf schmerzliche Veränderungsprozesse ein. Der Zukunftskongress 2007 hat am symbolträchtigen Ort Wittenberg den Auftakt gebildet. Weitere Debatten sollen folgen, so ist im Jahr 2008 in Barmen ein weiterer Kongress geplant. Im Jahr 2017, dem 500. Jahrestag des Anschlags der 95 Thesen durch Martin Luther, will die Evangelische Kirche neu aufgestellt sein. Bei dem Zukunftskongress in Wittenberg wurde deutlich, dass in diesem Reformprozess Kultur eine bedeutende Rolle spielt.

Zuerst erschienen in politik und kultur März – April 2007

Christhard-Georg Neubert

Sich auf den Weg machen – Zur Bedeutung von Kirche und Kultur morgen

Am Anfang war die Freundschaft

Im Hause meiner Eltern prägte ein Bild des Malers Lucas Cranach meine Kindheit. In der Bildmitte der gekreuzigte Christus. Auf der Kanzel – zur Rechten des Kreuzes – der Prediger Martin Luther, der mit langem Arm auf den gemarterten Menschen verweist. Im Kirchenschiff zur Linken des Kreuzes dicht gedrängt die Gemeinde. Das Rätselhafte des christlichen Glaubens und die Neugier auf mehr davon hielten sich vor diesem Bilde lange die Waage. Jahre später entdeckte ich das Bild im Altar der Stadtkirche von Wittenberg. Dem Maler war es gelungen, ins Bild zu setzen, was bis heute Grundbestand protestantischen Glaubens und Denkens ist: Christus allein.

Keine Geringeren als Lucas Cranach und Martin Luther stehen am Beginn der Freundschaft zwischen Protestantismus und Kultur. Die Kunst des Malers Lukas Cranach gibt dem Protestantismus in Deutschland ein Gesicht. Sie wird zum Speichermedium und Resonanzboden der Reformation. Zu unseren Chancen und Herausforderungen gehört, an diese produktive Freundschaft von Kunst und Kirche anzuknüpfen.

Kunst und Kultur – Kernbereiche der Kirche

Jede Kirche ist eine Kulturkirche. Und jeder Gottesdienst ist ein kulturelles Ereignis. Aber die andauernde ästhetische Unterforderung der Christenmenschen im Raum der Kirche lehrt zu oft eine andere Erfahrung. Sie führt zur Verkümmerung einer der fruchtbarsten und spannungsvollsten Beziehungen – der zwischen den Künsten und der Kirche. Im glücklichen Fall gerät die Liturgie zu einem Gesamtkunstwerk aus Wort, Klang, Bild, Bewegung und Raum. Die Rituale unserer Gottesdienste können zu Aufführungsräumen künstlerischer Interventionen werden. Denn sie greifen sensibler als alle Worte und Verwalter jene Beziehung auf, in denen die Offenbarung der Liebe Gottes in Jesus Christus lebt. Es sind die Beziehungen, zu denen uns die absoluten Grenzen nötigen: der Tod, eingespielt in der Taufe; die Liebe, eingespielt im Heiligen Mahl.

In den produktiven Begegnungen zwischen Kunst und Kirche entstehen neue Bilder, neue Sprache und Form. Die Künste schärfen uns die Sinne für das Zwecklose, Ungreifbare und Flüchtige, für das Fremde und die Bruchkanten unseres Daseins. Darum muss es ein Ende haben mit der weit verbreiteten Verachtung der Künste.

Aufbrüche

Nach Jahrzehnten der Vergesslichkeit vielversprechender Anfänge in der Reformation und der Nichtachtung erfährt die Kultur neue Aufmerksamkeit im deutschen Protestantismus. Nach Berlin, Lübeck, Köln und Stuttgart wurde nun auch in Bremen St. Stephani als Kulturkirche ihrer Bestimmung übergeben. Die Homepage der EKD nimmt dies zum Anlass, die neue Lust der evangelischen Kirche auf Kultur zu feiern. Die Vielzahl der örtlichen Initiativen und die Kulturdenkschrift der EKD haben viel in Bewegung gebracht. Die EKD hat mit der Berufung einer Kulturbeauftragten Glaubwürdigkeit bewiesen, Zeichen gesetzt und Aufmerken erzeugt. Öffentlich zeigt sich wieder, dass entgegen anders lautenden Gerüchten Protestantismus und Kultur gut zusammen passen.

Jetzt kommt es darauf an, den Weg beherzt weiterzugehen. Denn das Vertrauen der Kulturleute, die sich gegenwärtig noch ungläubig die Augen reiben, ist erst noch zu erwerben.

Um herauszufinden, was sich Kirche und Kultur zu bedeuten haben, brauchen wir Visionen nicht ausgeschöpfter Möglichkeiten. Dazu gehört mehr als das Einrichten von Kulturkirchen. Der entschiedene Abstand von allen Spielarten der Nische und Selbstrechtfertigung wird zum Lackmustest der Ernsthaftigkeit aller Bemühungen in diese Richtung. Es gilt, sich auf den Weg zu machen an die Orte der Kultur in unserm Land; mutig, neugierig, selbstbewusst wahrnehmen; hören und sehen, was los ist; die Außenansicht gelten lassen und die Sprache kultureller Partnerschaften einüben. Dazu gehört der erkennbar auf Dauer gestellte Dialog zwischen Kirche und den Künsten der Gegenwart; dazu gehört, dass Pfarrerinnen und Pfarrer, Kirchenleitende und Synodale ebenso selbstverständlich und kundig den Dialog mit Malern, Dichtern, Musikern, Theaterleuten, Architekten, Kulturschaffenden jeder Art suchen, wie sie ihn mit Gewerkschaftern und Politikern gesucht haben.

Profilschärfung und Kompetenzgewinn

Das „kulturelle Profil" der Kirche umfasst das überkommene Erbe, die historische Kulturträgerschaft sowie aktives Gestaltungshandeln in der Gegenwart. Profilschärfung braucht den Zuwachs an Kompetenz der Beteiligten in den Bereichen von Kunst und Kultur. Qualifizierte Anleitung, sowie Beratung und Begleitung von Maßnahmen in den Gemeinden und übergreifenden Projekten sind notwendig. Entsprechend den Zielvorgaben des Impulspapiers „Kirche der Freiheit" ist „Kultur" nicht nur als Querschnittsthema wahrzunehmen, sondern der Bereich Kunst, Ästhetik und Kultur bedarf analog anderer Arbeits- und Dialogfelder eigener Kompetenzzentren (Leuchtturm). Jede Landeskirche in der EKD gewinnt mit der Einrichtung solcher Kompetenzzentren (Kulturkirchen) Profil und öffentliche Erkennbarkeit. Diese Kompetenzzentren sind zugleich die Einrichtungen, um Kirchengemeinden, die hauptamtlichen und ehrenamtlichen Mitarbeitenden in ihrer ästhetischen Kompetenz (Wahrnehmungs-, Reflexions- und Gestaltungsfähigkeit) umfassend zu fördern.

Jede Gliedkirche der EKD sollte – wie von der Kulturdenkschrift „Räume der Begegnung" nahegelegt, Kunst- und Kulturbeauftragte berufen und wo sie schon arbeiten in ihrem Profil stärken. Sie sind die natürlichen Ansprechpartner der Kulturschaffenden und geben dem kulturellen Interesse der Kirche ein Gesicht. Sie bilden gemeinsam mit der Kulturbeauftragten der EKD ein Netzwerk kultureller Vielfalt im deutschen Protestantismus. Sie haben ihren öffentlich erkennbaren Handlungsort bei den Kompetenzzentren (Kulturkirchen). Zu ihren Aufgaben gehört, den inneren Zusammenhang zwischen christlicher Religion und den Künsten zur Darstellung zu bringen. Öffentliches Zeichen dafür könnte ein von der EKD und ihren Gliedkirchen gemeinsam einzurichtender Kulturpreis der deutschen Protestanten sein.

Fazit

Wo der christliche Glaube ganz bei sich ist, kann er auch ganz nach außen gehen. Er wagt sich selbstbewusst hinaus auf der Suche nach einer neuen Sprache, nach dem unerhörten Klang trotz aller gepflegter Kirchenmusik; er macht sich auf in die Ateliers der Städte und Dörfer und sucht das Gespräch mit denen, die ihre Sprache in den Kunstwerken immer wieder neu erfinden müssen. Der dabei unausweichliche Streit könnte erweisen, wie zukunftsfähig der christliche Glaube im 21. Jahrhundert ist. Alle, die sich auf diesen Aufbruch einlassen, wissen um Chancen und Risiken. Aber auch hier gilt: „Leise müsst ihr das erbringen, die gelinde Macht ist groß". *J. W. Goethe*

Zuerst erschienen in politik und kultur März – April 2007

Hartmut Spiesecke

Pietismus und Kultur – ein spannendes Verhältnis. Von Möglichkeiten für die Zukunft der Kirchen

Wir feiern 2007 in Deutschland den 400. Geburtstag des großen christlichen Liederdichters Paul Gerhardt. Sein Jahrhundert war geprägt vom 30-jährigen Krieg: Keine Familie blieb davon verschont, die grassierende Pest tat ein Übriges. Das Jahrhundert besonderen Leidens war das Umfeld für einen Dichter, der Leiden und Gottvertrauen in persönlicher Frömmigkeit zusammen dachte. Im 17. Jahrhundert entstand auch der Pietismus als Erweckungsbewegung, die diese persönliche Frömmigkeit mit dem Bestehen auf biblischen Wahrheiten und tätiger Diakonie verband. Der Pietismus ist eine Sammelbewegung verschiedener Glaubensgemeinschaften, auch Mitgliedern der evangelischen Kirche. Heute zählen in Deutschland rund 1,4 Millionen Menschen unter den Bezeichnungen pietistisch, evangelikal, charismatisch zu den Nachfolgern der damaligen Bewegung.

Wichtiger als der Vollzug eines unpersönlichen Ritus war den Pietisten im 17. Jahrhundert eine persönlich empfundene Beziehung zu Gott. Daraus ergab sich folgerichtig das Primat des biblischen Wortes. Das kirchliche Leben wurde z.B. durch Hauskreise und Bibelstunden, erbauliche Literatur und missionarische Aktivitäten vielfältig bereichert. Das verbindet sich in der Anfangszeit des Pietismus u.a. mit den Namen Phillip Jacob Spener, Nikolaus Ludwig Graf von Zinzendorf, August Hermann Francke, Friedrich Christoph Oetinger und Johann Albrecht Bengel.

Deutsche Sprache als Voraussetzung

Nach der Reformation im 16. Jahrhundert und der Übersetzung der Bibel ins Deutsche durch Martin Luther entstand im 17. Jahrhundert eine deutschsprachige Lyrik, die im Wesentlichen Kirchenlieddichtung war. Mit gutem Grund kann man das 17. Jahrhundert als ihren Höhepunkt betrachten. Sie zielte auf das „Volkstümliche" der liturgischen Texte ab. Liturgie, Predigt und Gemeindelieder in deutscher – und das hieß damals: in der einzigen dem Volk verständlichen – Sprache waren ein wesentlicher Teil pietistischer Glaubensausprägung. Und der evangelische Choral (dessen charakteristisches Merkmal nicht etwa ein musikalisches Moment, sondern die deutsche Sprache ist, wie Heinz von Loesch dargelegt hat) war dazu die angemessene musikalische Entsprechung; denn nur wer die gesprochenen und gesungenen Texte versteht, kann nach evangelischem Verständnis auch persönlich daran Anteil nehmen. Bis heute haben die Texte des 17. Jahrhunderts in weiten Teilen des Pietismus eine große Bedeutung. Und umgekehrt haben die Pietisten mit ihrem Primat auf Bibel und Erbauungsliteratur Wichtiges zur Verbreitung der deutschen Sprache getan. Mit seinem Bemühen, allen Christen einen unmittelbaren Zugang zur Bibel zu ermöglichen, sei der Pietismus zur wirkungsvollsten Bildungsbewegung in Deutschland geworden, sagte unlängst zugespitzt Otto Schaude, Vorsitzender des württembergischen Altpietistischen Gemeinschaftsverbands.

Dass andere Kunstformen als Kirchenlieder im pietistischen Bereich weniger geschätzt wurden, ist vor dem Hintergrund der damaligen kirchlichen Kultur zu verstehen. Die Kirchen waren im 17. Jahrhundert neben den säkularen Herrscherhäusern die Hauptauftraggeber der Künstler. Die damals von manchen als schwulstig empfundene Ästhetik des Barock mit schmuckreicher Kunst stand der auf die Bibel zentrierten pietistischen Frömmigkeit quasi fundamental entgegen. Solche kulturellen Äußerungen galten als sekundär und standen deswegen häufig außerhalb des pietistischen Interesses. Die Entstehung der Ästhetik einer „Kunstreligion" in der Frühromantik, die Kunst als „eigentlichen" Ausdruck des Religiösen verstand, trug später zu weiterer Distanzierung bei.

Gleichwohl hat der Pietismus in der Geistesgeschichte durchaus gewirkt: So waren auch Schiller und Kant stark von pietistischen Überzeugungen beeinflusst (vgl. zum Beispiel Kants Auffassung vom „reinen Schönen"). Der bekannteste Lieddichter nach Paul Gerhardt ist wohl Matthias Claudius („Der Mond ist aufgegangen"), dessen Lieder noch heute an vielen Kinderbetten gesungen werden. Das Singen als Glaubensausdruck hat sich weiter durchgesetzt. Deswegen haben die Evangelikalen in Deutschland vor allem eine starke Lied- und Liedermacherkultur. Der bekannteste ist sicher Manfred Siebald („der christliche Reinhard Mey"). Aber auch Peter Strauch, langjähriger Vorsitzender der Deutschen Evangelischen Allianz, und sein Nachfolger Jürgen Werth, Direktor des Evangeliumsrundfunks in Wetzlar, sind bekannte Liedtexter und Komponisten.

Reichtum kultureller Glaubenszeugnisse

Heute finden sich innerhalb der verschiedenen evangelischen Glaubensausprägungen ganz unterschiedliche Einstellungen zu Kunst und Kultur. Während Pietisten von eher landeskirchlich geprägten evangelischen Christen gelegentlich als „kulturlos" gedacht werden, besteht der umgekehrte Vorwurf der Pietisten darin, dass manche evangelischen Christen vor lauter Kultur die Frömmigkeit verloren hätten („Kulturprotestanten"). Die polemisch Überspitzung lautet etwa so: Die „Kulturprotestanten" verwechselten Bach mit Jesus, die Pietisten wüssten nicht, wer Bach ist. Diese Polemik hilft aber nicht weiter. Eher wird umgekehrt ein Schuh daraus: Zu fragen ist, was die Gruppen von einander lernen können.

Die Pietisten können den Reichtum kultureller Traditionen neu entdecken. Das ist schon deswegen wichtig, weil sich daraus etwas für das eigene Glaubensleben lernen lässt. Die Gemälde Caspar David Friedrichs (auch er pietistisch geprägt) sind nicht nur Meilensteine romantischer Malerei, sondern auch unmittelbarer Ausdruck festen Glaubens in einsamen Zeiten. Brahms' Requiem ist geradezu typisch für eine romantische Haltung, die die traditionelle Totenmesse zu persönlichem Trost wandelt. Dies tat Brahms dadurch, dass er den lateinischen liturgischen Text durch eine Reihe von Bibelversen in deutscher Sprache aus dem Alten und Neuen Testament ersetzte. Neugier wäre ein guter Motor für solche Entdeckungen, und gelegentliche Bildbetrachtungen in Hauskreisen eine durchaus sinnvolle geistliche Ergänzung. Im Gegenzug ist die evangelische Kirche seit einigen Jahren dabei, die Bedeutung von persönlicher Glaubensentscheidung und Mission wieder zu entdecken, und befindet sich damit in bester pietistischer Tradition.

In der Diskussion um „absolute", also keinem außerkünstlerischen Sinn mehr verbundene Kunst ist uns allerdings die Frage nach akzeptabler Funktionalität des Ästhetischen – auch für einen religiösen Kontext – verloren gegangen. Das entspricht einer stark romantisch beeinflussten ästhetischen Position, die keineswegs ohne Alternative ist: Geniekult und „absolute" Kunst sind erst seit 200 Jahren bekannt. Wie aber bringen wir neue Kunst auch in Gottesdienste und machen sie zur Auseinandersetzung mit unserem Glauben, statt nur abends mit anderem Publikum eine Vernissage oder ein Happening zu veranstalten? Und wie interessieren wir die Gemeinde wieder stärker für eine Wahrnehmung des Künstlerischen als „anderer Wirklichkeit"? Im Bewusstsein von Transzendenz treffen sich Kunst und Glaube – und Pietisten kennen das persönliche Angesprochensein aus ihrem Glaubensleben. In der Verbindung von Kunst und Glauben liegen nach wie vor starke Möglichkeiten für die Zukunft der Kirchen.

Zuerst erschienen in politik und kultur April – Mai 2007-09-21

Jörg Schmidt

Du sollst dir kein Bildnis noch irgendein Gleichnis machen – Die reformierten Protestanten und die Bilder der Macht

Die „reformierte" Reformation, die im 16. Jahrhundert in der Schweiz ihren Anfang nahm, begann oft mit einer Art „Bildersturm". So wurden 1523 in Zürich all die Statuen, die Heiligenfiguren und Bilder, die sich damals in großen Mengen in den Kirchen befanden, mehr oder weniger geordnet entfernt, manche allerdings auch zerschlagen oder verbrannt. Vergleichbares ereignete sich auch in anderen Regionen der Schweiz und in den Freien Reichsstädten Süddeutschlands. Und die Kirchbauten, die nach der Reformation in reformierten Gemeinden nicht nur der Schweiz entstanden, verzichten in der Regel ganz auf bildlichen Schmuck.

Als „Auswuchs der Reformation" bezeichnen den damaligen „Bildersturm" manche heute, als Taten religiöser Eiferer, durch die kostbare Kunstwerke der Nachwelt verloren gegangen sind. Und sicher ist das aus heutiger Sicht richtig: dass vieles zerstört wurde, was wir heute als bedeutendes Kulturgut bezeichnen würden. Die Reformierten von damals, könnten wir sie befragen und hätten wir ihnen erläutert, was wir unter „Kultur" und „Kulturgut" verstehen, würden vielleicht sogar zustimmen. In der Tat ging es um die Zerstörung von „Kultur". Sie würden dann aber auch darauf hinweisen, welche „Kultur" sie treffen wollten, was denn warum zerstört werden sollte mit den Bildern und Heiligenfiguren.

Wir bewundern – an einer Heiligenfigur etwa – vielleicht die Ästhetik. Oder wir erkennen aus ihrer Gestaltung etwas über die Verhältnisse der Zeit ihrer Entstehung. Die Menschen damals haben die mit der Figur verbundene Frömmigkeit *erlebt*. Sie haben die Folgen der in ihr repräsentierten Machtverhältnisse am eigenen Leibe *erlitten*. Denn in den Gottesdiensten waren sie angewiesen auf ein Verständnis der Bibel, wie es ihnen die Bilder vorgaben. Das war orientiert an einem die Macht der Kirche sanktionierenden Herrschergott. Und in den Bildern und Statuen waren zudem die reichen und mächtigen „Herren" ihrer Zeit als deren Stifter ständig gegenwärtig, zum Teil auch in bildlicher Darstellung. Die Zerstörung einer Heiligenfigur hieß dann auch: Keine Frömmigkeit, die uns als unmündige Untertanen der Kirche und eines Herrschergottes festlegt. Keine Ausgestaltung der Kirchen, in deren Prunk sich mit den Stiftern die gesellschaftlichen Machtverhältnisse spiegeln und die zu Lasten der Armen gehen. Der „Bildersturm" damals galt damit sowohl der Festlegung Gottes als auch der Menschen in einem autokratischen Herrschaftssystem, galt der Manifestation der bestehenden Frömmigkeits- und Machtverhältnisse in Kirche und Gesellschaft.

Rückhalt fanden die Reformierten damals in der Bibel. In der biblischen Zählung der zehn Gebote heißt das zweite Gebote: „Du sollst dir kein Bildnis noch irgendein Gleichnis machen, weder von dem, was oben im Himmel, noch von dem, was unten auf Erden, noch von dem, was im Wasser unter der Erde ist: Bete sie nicht an und diene ihnen nicht! Denn ich, der Herr, bin ein eifernder Gott, der die Missetat der Väter heimsucht bis ins dritte und vierte Glied an den Kindern derer, die mich hassen, aber Barmherzigkeit erweist an vielen tausenden, die mich lieben und meine Gebote halten." (2. Mose 20, 4-6)

Eine „reformierte" Theologie, die auf einer neuen Auslegung der Bibel gründete, fanden die Reformierten dann weniger bei Martin Luther als bei Theologen wie Ulrich Zwingli (1484-1531) und Johannes Calvin (1509-1564). Deren Auslegung des zweiten Gebots ging es im Wesentlichen um die Unverfügbarkeit Gottes. Sie sahen die Gefahr, dass die Bilder Gott gewissermaßen ersetzten. *„So nehmen aber die Bilder und sichtbaren Dinge bei uns mehr und mehr zu und werden größer und größer, bis dass man sie zuletzt für heilig hält und bei ihnen anhebt, das zu suchen, was man allein bei dem wahren Gott suchen soll."* (Zwingli) Ihre Auslegung zielt, modern gesprochen, auf die Freiheit und Lebendigkeit Gottes und auf sein Verhalten zu den Menschen. Er soll nicht in einem Bilde festgelegt werden; es geht auch nicht darum, wie er *„ist"*.

Nun war und ist deutlich, dass eine Rede von Gott (und den Menschen!) ohne Bilder nicht auskommt, mindestens ohne Sprachbilder nicht. Dem zweiten Gebot geht es im Kern auch nicht um das Verbot jeglichen Bildes. Es zielt auf die Funktionalisierung von Bildern und deren Repräsentanz, wenn man so will: Macht, die ihnen dadurch zukommt. In diesem Zusammenhang war der Einspruch der Reformatoren der gegen die Festlegung auf *ein* Bild und ihre Funktionalisierung im Interesse der bestehenden gesellschaftlichen Verhältnisse. Nur eine Vielzahl von Bildern, wie sie etwa als Sprachbilder in der Bibel vorliegen, vermag etwas zu spiegeln von dem, wie sich Gott den Menschen gegenüber *verhält*.

Diese „neue" Auslegung des zweiten Gebotes hatte damit immer auch eine soziale Komponente. Es ging darum, dass das für die Ausgestaltung der Kirchen aufgewendete Vermögen, auch das der Stifter, besser für die Armen auszugeben sei. Auch das wird in den Äußerungen der Reformatoren deutlich heraus gestellt.

Dieses Verständnis des zweiten Gebotes war in der Folgezeit Gestaltungsprinzip reformierter Kirchen. Wo neue Kirchbauten entstanden, waren sie als Versammlungsraum für die Gemeinde konzipiert. Keine Bilder, in der Regel auch kein Kreuz, kein „Altar" sind zu finden. Die Bankreihen bzw. die Bestuhlung sind oft auf die Kanzel und den Abendmahlstisch hin orientiert. Dort geschieht das Entscheidende, das Predigen des Wortes, die Feier der spirituellen Abendmahls-Gemeinschaft mit Christus. Bis heute sind Kirchen in reformierten Gemeinden durch dieses Raumkonzept deutlich von anderen zu unterscheiden. Dieses Verständnis des zweiten Gebotes hat dann auch Rückwirkung auf die Bilder, die wir uns von Gott machen, etwa in der Festlegung als männlich oder weiblich. Angesichts seiner Ebenbilder in der versammelten Gemeinde ist Offenheit angesagt. Und es macht dann allemal Sinn, vorsichtiger davon zu reden, dass Gott wie ein Vater, wie eine Mutter oder auch wie eine Henne, wie ein König (alles biblische Bilder) *handelt,* ohne Aussagen über ihn in seinem *Sein* treffen zu wollen.

Und wie Gott nicht festgelegt werden kann in einem Bild, so können es auch seine Ebenbilder nicht. Die Auslegung des zweiten Gebotes zielt somit auch auf die Freiheit und Lebendigkeit der Menschen. Das haben die „Bilderstürmer" mit ihrem Protest gegen die in den Bildern aufscheinenden und repräsentierten Machtverhältnisse deutlich gemacht. Die Erinnerung des zweiten Gebotes in dieser Perspektive stellt gewissermaßen die „Machtfrage": wer in welchem Interesse das Bild oder die Bilder vom Menschen bestimmt. Denn nur auf den ersten Blick mag es scheinen, dass das multi-mediale Zeitalter die Pluralität der Menschen-Bilder garantiert. Ein näherer Blick bestätigt eher die Dominanz bestimmter Bilder, etwa das des modernen, flexiblen, jung-dynamischen und natürlich kauffähigen und -freudigen Menschen, den die Werbung uns nach wie vor vorspielt. Oder das bestimmter Männer- und Frauenrollen, die je nach gesellschaftlichen Anforderungen changieren. Oder das von „Gesundheit", wie sie etwa in der Debatte um die Gentechnologie erkennbar wird. Die Erinnerung des zweiten Gebotes ist dann der Einspruch gegen multimediale Festlegung des Bildes des Menschen und damit des Menschen selbst. Wie erst die Pluralität der Bilder sinnvolle Aussagen über Gottes Handeln zulässt, so die Pluralität der Menschen-Bilder über den Menschen.

Der drastische Einspruch der „reformierten" Reformatoren zielte auf eine bestimmte Kultur und hat sicher auch bedeutende Kulturgüter zerstört. Es war der Protest gegen eine Kultur der Unfreiheit – Gottes wie der Menschen. Diesen Protest zu erinnern und zu verlebendigen bleibt gegenwärtige Aufgabe, nicht nur der reformierten Christinnen und Christen.

Zuerst erschienen in politik und kultur Juli – August

Kirche und kulturelles Leben

Petra Bahr

Orientierungsgewinne durch Lebenswissen – Über die religiöse Grammatik kultureller Bildung

„Bildung ist das, was bleibt, wenn einer alles vergessen hat". Mit diesem Aphorismus teilt der Philosoph Hans Blumenberg jeder Vorstellung eine Absage, die mit Bildung einen Kanon des Wissenswerten verbindet, eine Technik der Weltbewältigung oder gar eine arbeitsmarktfähige Ausbildung. Der Satz, so könnte man auf den ersten Blick meinen, steht in einer Tradition, die als typisch deutsche längst höchst zweideutig geworden ist: jene schicksalshafte Geistversessenheit des 19. Jahrhunderts, die jeder Orientierung an Ökonomie, Technik, Politik und pragmatischem Alltagswissen zugunsten höherer Kulturbildung eine Absage erteilt. Rembrandt sollte der Erzieher der Deutschen sein, um einmal ein prominentes Buch aus dem Kaiserreich zu zitieren. Bildung, das war lange ein Synonym für kulturelle und für religiöse Bildung: für die Einsicht in die antiken Mythen und in die Literatur der Klassik, für Geschichte und für die Bildtraditionen der christlichen Legenden in der Bearbeitung zeitgenössischer Malerei.

Vor dem Hintergrund der in der Form oft antieuropäischer, sicher antidemokratischer und oft bornierter Bildungstraditionen versteht sich vielleicht die Kehrtwende, die die gegenwärtige Bildungsdebatte eine Jahrhundertwende später macht. Das 19. Jahrhundert haben wir gründlich abgestreift. Kultur muss sich nun vor allem rechnen und „Bildung" zielt in Großem und Ganzen auf die geschickte Nutzung von kreativen Kompetenzen zur Vermehrung der Gewinne auf globalisierten Arbeitsmärkten. Selbst kulturelle und religiöse Bildung, beides prominente Leitworte öffentlicher Sonntagsreden, sollen vor allem zur Bewältigung gesellschaftlicher Herausforderungen dienen: die kulturelle Bildung soll die Kreativität fördern und zukünftige Eliten mit der nötigen Lust zur Innovation ausstatten – kein Wunder, dass zeitgenössische Kunst nun von den Banken gesammelt und ausgestellt wird. Auch religiöse Bildung wird augenblicklich vor allem als Mittel gegen die Religionskonflikte einer multireligiösen Gesellschaft angepriesen. Islamkunde und Werteunterricht scheint vor diesem Hintergrund wichtiger als die gründliche Einführung in die christliche Religion.

Gegenüber dieser Art der fahrlässigen Verkürzung des Bildungsverständnisses scheint es an der Zeit, einmal wieder auf ältere Bildungsdebatten zurückzukommen: nicht, um ins Überkommene zu fliehen, sondern um das Unabgegoltene des alten Bildungsbegriffs hervorzuheben. „Bildung ist das, was bleibt, wenn einer alles vergessen hat" – das scheint auf den zweiten Blick auch den Forderungen nach festen Kanonizes zu widersprechen. Als könne man Bildung loslösen von Kompetenzen und Kenntnissen, die man zusammengenommen als „Lesefähigkeit" beschreiben kann. Wenn das so wäre, liefe Blumenberg Aphorismus ins Leere. Er wäre schlicht unzeitgemäß. Der grassierende Analphabetismus ist oft genug beklagt, kleine bürgerschaftliche Initiativen und große institutionelle Programme dagegen werden in letzter Zeit wenigstens gewagt: von der Leseförderung bis zur Museumspädagogik, von Simon Rattles Initiative „Rhythm is it" bis zu Malworkshops für Kinder, die nicht nur Lust auf den Umgang mit Farbe machen sondern auch einen Sinn für die Bildgehalte vermitteln, die die abendländische Kunst geprägt haben. So kommt es, dass im Foyer des Museums biblische Geschichten erzählt werden.

Ja, wir brauchen die Diskussion um Kanonizes, sowohl in der Kultur als auch in der Religion, wir brauchen Minimalstandards dessen, was man kennen und wissen sollte, um in unserer Gesellschaft mehr als nur zurecht zu kommen. Da hilft es, wenn man die theoretische Unendlichkeit des Streits um den Kanon manchmal einfach pragmatisch sistiert und es mit vorläufigen Kanonizes zufrieden gibt.

Doch Blumenberg zielt auf eine andere Pointe. Und hier kommen Kultur und Religion aus systematischen Gründen eng zusammen: Bildung, das ist vor allem „Lebenswissen", ein Wissen, das zum Leben hilft, weil es Orientierung bietet, weil es einen Horizont der Wertigkeiten aufscheinen lässt, an dem das eigene Leben sich ausrichten kann. Deshalb konnte man im 19. Jahrhundert Religion und Kultur fast synonym gebrauchen. Selbstverständlich muss man immer wieder daran erinnern, dass Religion sich in kulturellen Ausdrucksformen nicht erschöpft – und das kulturelle Ausdrucksformen sich von religiösen Ansprüchen emanzipiert haben. Insofern gilt eine klare Absage an die zivilreligiöse Leitkultur des 19. Jahrhunderts, die sich vor allem über Abgrenzung definiert hat. Wenn man sich allerdings das vor Augen führt, was im weitesten Sinne mit „Kultur" gemeint ist, dann wird deutlich, dass unsere Kultur die Spur der Religion gar nicht los werden kann, entsteht sie doch zu einem erheblichen Maße aus dem Ringen mit den Gelingensbildern, Ansprüchen, Geschichten und Grundvorstellungen des Christentums. Das Christentums ist ja selbst noch in den Künsten des 20. Jahrhunderts präsent, oft wie ein Schatten, den man nicht loswerden will, immer wieder aber auch als Herausforderung, als Stoff der Auseinandersetzung. Ja selbst noch in den polemischen Gegenentwürfen, die mit christentumskritischer Verve antreten, ist die Religion auf eigentümliche Weise präsent. Das gilt nicht nur für die Archive, Museen, Bibliotheken und Kirchen, wo Hunderte von Variationen auf die Geschichten vom Verloren Sohn, von der Passion des Gottessohnes oder von Maria-Magdalena-Deutungen die Räume bevölkern. Wer den Sinn für diese Geschichten indes verliert, verliert den Schlüssel zu riesigen Räumen engagierter künstlerischer Lebensdeutung und schneidet sich von einer wichtigen Ressource unserer Kultur ab. Das gilt auch für die Gegenwartskultur. Das mag man auf Gerhard Richter verweisen oder auf den neusten Erlösungsentwurf aus Hollywood.

Der Zusammenhang von religiöser und kultureller Bildung liegt deshalb auf zwei Ebenen: zum einen ist da das Reich der Inhalte, der Semantik und der Bilder. Hier braucht kulturelle Lesefähigkeit schlicht ein inniges Verhältnis zu den christlichen Traditionen, zu den biblischen Geschichten, den Legendenbüchern und den eigensinnigen Forschreibungen und Auslegungen, die oft gerade dann aufregend sind, wenn sie nicht nur kirchliche Konsense wiederholen, sondern eigenwillige Entwürfe bieten und so auch die Kirche zu neuem Nachdenken veranlassen. Künstler haben sich stets einen eigenen Reim auf das Christentum – etwa auf biblische Geschichten – gemacht. Die ständige Kontroverse der Deutungen ist für die kulturelle Entwicklung sehr produktiv gewesen, auch wenn die Kirchen sich immer wieder schwer getan haben, künstlerische Positionen als theologische Herausforderung zu nehmen. Diese Deutungen ernst zu nehmen, heißt übrigens auch zur Kenntnis zu nehmen, dass sich manche dieser Kontroversen im Rückblick als Schauergeschichten lesen, die es zu kritisieren gilt. In jedem Falle aber ist es diese Dimension unserer Kultur, die man den Kindern der Eingewanderten nicht vorenthalten sollte, wenn man von ihnen verlangt, sich in den Horizont unserer kulturellen Güter und Werte einzufügen. Kulturelle Bildung ist ein Schlüssel zur Integration in eine Kultur, die den konsequent säkularen Ansprüche von Politik und Recht mit religiöser Prägung der Kultur verbindet.

Wichtiger noch als die Lesefähigkeit, die das Christliche als Grammatik der kulturellen Sprachen bis in die Gegenwart zu identifizieren in der Lage ist, ist die Dimension, um die es Hans Blumenberg in seinem Aphorismus um die Bildung im Kern geht. Kulturelle Bildung, die bleibt, wenn einer alles vergessen hat, reicht an eine Dimension des Menschen, die mit Wissen, Sozialisation und Kompetenzerwerb nur wenig zu tun hat. Dieser Aspekt der Bildung berührt eine Dimension des Menschseins, die der Romanist Ottmar Ette mit dem starken Wort des „Überlebenswissens" ausgestattet hat. Der kritische Kommentar gegenüber den übertriebenen Ansprüchen der sogenannten Lebenswissenschaften ist durchaus intendiert: Kulturelle Codes prägen unser Bild vom Menschen. Kulturelle Ausdrucksformen prägen unser Verhältnis zu uns selbst, sie sind nicht nur ästhetische Gesten und Spielformen mit der Wirklichkeit, sondern mittelbar auch ethische und – unter Umständen – religiöse Wegweiser. Damit soll der Anspruch der Kultur keineswegs ins Maßlose gesteigert werden, als übernähme etwa die Vernissage am Sonntagvormittag auch die Funktion des Gottesdienstes. Es ist etwas andere gemeint. Tief in die kulturellen Ausdruckskräfte sind Fragen nach dem guten und richtigen Leben eingelassen, Fragen nach Sinn und Unsinn, nach Leid und Glück und nach einer Dimension, die höher ist als alle Vernunft. Die Offenheit der Deutungen, die mit der Kultur der Moderne in Verbindung gebracht wird und die gegen jede Vereindeutigung und Normierung künstlerischer Positionen angeführt wird, unterstützt die Nachhaltigkeit des Fragens eher als dass sie sie dementiert. Diese Tiefendimension führt ja auch dazu, dass die gegenwärtigen Selbstverständigungsdebatten, die unter dem Hilfswort der Leitkultur firmieren, so engagiert und kontrovers geführt werden. Hier geht es um was. Es geht hier nicht um das Konzept eines imaginären Museums all dessen, was uns wichtig ist, von den Texten über die Bilder bis zu den Ritualen, auf die wir uns neuerdings wieder besinnen. Mit der Frage nach Kultur geht um nicht weniger als um zukunftstaugliches „Überlebenswissen", die unser Zusammenleben und unser Verhältnis zu uns Selbst prägen. Deshalb trifft der Vorwurf des Konservativen nur insofern, als der enge Zusammenhang von Religion und Kultur für Bildungskonzepte bedeutet, die kulturellen Formen der Vergangenheit zu achten. Er trifft aber nicht, wenn mit ihm Zukunftsverweigerung verbunden wird. Das Gegenteil ist der Fall: weil der enge Zusammenhang von Religion und Kultur – und auch produktive Spannungszustände sind eine Form des Verhältnisses – in der Vergangenheit äußerst fruchtbar war, lohnt es sich, auch in Zukunft kulturelle Bildung nicht ohne ihre religiöse Tiefendimension zum Thema zu machen. Kulturpolitisch gibt das Raum für neue kreative Bündnispartnerschaften, die für diese Verbindung definierte zivilgesellschaftliche Orte und Konzepte schaffen, um Bildungsformen fördern, die noch Folgen zeitigen, „wenn einer alles vergessen hat."

Zuerst erschienen in politik und kultur September – Oktober 2006

Jakob Johannes Koch

Die katholische Kirche als Akteurin auswärtiger Kulturpolitik – Katholisches Cross-Cultural bridging ist für das Außenbild der Kulturnation Deutschland unverzichtbar

Kirche als vierte Säule der Außenpolitik? In der postsäkularen Epoche nach „Nine Eleven" ist es an der Zeit, sich auch im außerkirchlichen Bereich der Bedeutung der Kirche für die Auswärtige Kulturpolitik bewusst zu werden. Die katholische Kirche ist seit jeher *Weltkirche*. Cross-Cultural bridging als gelebte interkulturelle und interreligiöse Kompetenz ist ihre lange bewährte „Unternehmensphilosophie". Für 1,25 Milliarden Katholikinnen und Katholiken in 192 Staaten und mehr als 1.500 Ethnien ist es selbstverständlich, die klar geprägte Identität ihrer Konfession, deren oberster Garant der Papst als gemeinsames Oberhaupt ist, in ihrer jeweiligen Landeskultur mit deren je eigener „Farb-Nuance" zu entfalten: „Einheit in Vielfalt" als katholisches Bestpractice-Modell interkulturellen Austauschs. Ein kleiner Ausschnitt daraus soll nachstehend aus der Perspektive der katholischen Kirche in Deutschland beleuchtet werden.

Kirchliche Protagonistin des internationalen Kulturdialogs ist fraglos die katholische Auslandsseelsorge, d.h. die von Deutschland aus unterstützte Seelsorge für deutschsprachige Katholiken im Ausland. Ihre zentrale Organisation obliegt der Deutschen Bischofskonferenz, die zu diesem Zweck das katholische Auslandssekretariat (KAS) unterhält. Derzeit gibt es in 68 Ländern insgesamt 170 deutsche katholische Auslandsgemeinden und Seelsorgeeinrichtungen. Diese bieten neben ihren seelsorglichen Kernaufgaben anspruchsvolle Kulturprogramme wie Lesungen, Konzerte, Diskussionsforen, Sprachkurse und Medieninformationen an, die auch den Einheimischen kostenlos zur Verfügung stehen. Die meisten deutschen katholischen Auslandsgemeinden verfügen über eigene Bibliotheken, die neben Literatur zu Theologie, Philosophie und Weltanschauungsfragen auch gehobene deutsche Belletristik anbieten. Literarische Zirkel, Buchvorstellungen und die obligatorischen „Kulturcafés" nach dem Sonntagsgottesdienst sind bewusst auf die Begegnung mit dem jeweiligen Gastland hin konzipiert und werden rege nachgefragt. Weiterer Schwerpunkt der Auslandsgemeinden ist die öffentliche Pflege deutschen religiösen Brauchtums wie z. B. Martinsumzüge, Nikolausfeiern und Sternsinger-Aktionen, was zu höchst spannenden Kultur-Collagen in den jeweiligen Stadtquartieren führt.

Wichtige Botschafter deutscher Kultur im Ausland sind auch die 2.816 katholischen Missionarinnen und Missionare. Das früher mitunter kolportierte kolonialistische Klischeebild des Missionars wurde unterdessen längst überholt von der heutigen Faktizität eines professionellen, interdisziplinär fundierten „Manager"-Berufs als Synthese aus spirituell-seelsorglicher Begleitung, humanitärem Einsatz und interkulturellem Engagement vor allem in wirtschaftlich strukturschwachen Ländern. Neben diesen dauerhaften Missionstätigkeiten kristallisieren sich neue Formen zeitlich begrenzten Einsatzes von Ehepaaren, Familien und jungen Menschen heraus, die als so genannte „Missionare auf Zeit" (MaZ) tätig werden. Die materielle Unterstützung dieses kirchlichen Einsatzes fußt großenteils auf den Eigenleistungen der katholischen Orden und auf den Spenden, die im Lauf des Kirchenjahres zusammenkommen, wenn die großen katholischen Hilfswerke Adveniat, Misereor, Renovabis und Missio ihre Kampagnen veranstalten. Insgesamt erbringen diese Spendenkampagnen allein in Deutschland jährlich etwa 300 Millionen Euro.

Das interkulturelle Engagement der katholischen Kirche könnte kaum funktionieren, würde es nicht durch großes ehrenamtliches Engagement mitgetragen. Zahlreiche der 12.700 katholischen Pfarrgemeinden und Seelsorgestellen in Deutschland überschreiten mit ihren weltkirchlichen Projekten sprichwörtlich den Kirchturmhorizont. Dazu gehören Partnerschaften mit Schwestergemeinden in ausländischen Ortskirchen sowie Patenschaften für bestimmte Projekte des Kulturaustauschs und der Entwicklungszusammenarbeit. Davon profitieren übrigens nicht nur die direkt Geförderten im Ausland, sondern auch die projektinitiierenden Gemeinden selbst blühen geistig, geistlich und zwischenmenschlich auf. Zunehmend gibt es Gemeinden, die vor allem jüngere Gemeindemitglieder als Kundschafter und Botschafter in eine ausländische Partnergemeinde entsenden, um deren kirchlichen und kulturellen Kontext kennen zu lernen und die gewonnen Einsichten zu Hause als Impulse weiter zu vermitteln.

Viele Bistümer unterhalten Partnerschaften mit einer oder mehreren Ortskirchen; dabei fließen nicht nur finanzielle Mittel, sondern der Austausch erstreckt sich auch auf wechselseitige Besuche der Beteiligten. Die zuständigen Referate der Diözesen betreiben Bewusstseinsbildung, pflegen Verbindungen mit den Missionskräften und den kirchlichen Hilfswerken. Viele Diözesen senden trotz eigenen Mangels Priester in Schwesterkirchen („Fidei donum") und gewähren Stipendien für die Ausbildung von Priestern aus den Ortskirchen anderer Kontinente – auch dies eine wirkungsvolle Weise praktizierter auswärtiger Kulturarbeit.

Eine weitere wichtige Komponente auswärtiger katholischer Kulturpolitik besteht auf dem Gebiet katholischer Wissenschaftsorganisationen und Studieneinrichtungen. Zuvörderst ist die katholische Görres-Gesellschaft zur Pflege der Wissenschaft zu nennen, die 3.290 Mitglieder in 20 Sektionen hat. Zu ihren Zielen gehört die Förderung jüngerer Wissenschaftler und die Pflege wissenschaftlichen Lebens im breiten interdisziplinären Spektrum auf dem Fundament des christlichen Menschenbildes. Einen bedeutenden Beitrag zum internationalen Kulturdialog leistet die Görres-Gesellschaft durch mehrere eigene Institute im Ausland etwa in Rom, Madrid, Lissabon und Jerusalem. Ursprünglich nur der Philosophie und den Rechts-, Staats-, Geschichts- und Sozialwissenschaften gewidmet, weitete die Görres-Gesellschaft nach dem Zweiten Weltkrieg das Spektrum ihrer Disziplinen auch in den Bereich der Kulturwissenschaften aus. Mittlerweile ist gerade in diesen Sektionen der internationale Austausch besonders intensiv.

Als weiteres Beispiel ist der katholische Akademische Ausländer-Dienst (KAAD) zu nennen, der sich ebenfalls durch einen qualifizierten internationalen Kulturdialog profiliert. Der KAAD ist das Stipendienwerk der katholischen Kirche in Deutschland für Studierende und Wissenschaftler aus Entwicklungsländern und Osteuropa und fungiert zugleich als Clearingstelle der Deutschen Bischofskonferenz für ausländische Studierende. Der KAAD kooperiert intensiv mit ausländischen Partnerinstitutionen, seine Bildungs- und Nachbetreuungsprogramme stehen unter dezidiert interkultureller Perspektive.

Einer der ganz wichtigen, aber kulturpolitisch zu Unrecht noch nicht gewürdigten Faktoren internationalen Kulturdialogs ist das seit mehr als 1500 Jahren bestehende christliche Wallfahrtswesen. Es handelt sich hierbei traditionell um Wanderungen und Fahrten zu besonders wichtigen religiösen Zentren, um durch das dort verehrte Heiligtum Hilfe und Heilung zu erfahren. Das katholische Wallfahrts- und Pilgerwesen boomt wie nie zuvor: Nach vorsichtigen Schätzungen werden die katholischen Wallfahrsorte weltweit pro Jahr von mindestens 220-250 Millionen Pilgern aufgesucht, wobei sich die Reisebewegungen zunehmend internationalisieren. Auf der Suche nach religiöser Selbst- und Gemeinschaftserfahrung oder aber einfach als meditative Form des „sanften" Tourismus beteiligen sich mittlerweile daran auch jene, die keine (praktizierenden) Katholiken sind. Frühere Motive der Wallfahrt wie Buße und Gelübde gehen zurück zugunsten neuer Leitbilder wie Wegmotiv („Der Weg ist das Ziel"), Frieden und Ökumene. Die interkulturelle Komponente der Wallfahrt hat eine starke Aufwertung erfahren: Es geht heute zentral um Begegnung mit anderen Kulturen und Religionen. Das alte Leitbild der Gastfreundschaft erlebt eine neue Renaissance; im unmittelbaren Kontakt zwischen Pilgern und Gastgebern findet nachhaltig Kulturdialog statt.

Die wallfahrenden Botschafter zwischen den Kulturen werden immer jünger: Prominentes Beispiel ist die Pilgerfahrt zum alle zwei bis drei Jahre stattfindenden Weltjugendtag, der zuletzt am Wallfahrtsort

Köln – seit 850 Jahren Verehrungsstätte der Drei-Königs-Reliquien – stattfand. 410.000 jugendliche Pilgerinnen und Pilger aus 188 Nationen wurden u.a. in 30.000 deutschen Gastfamilien beherbergt, 4.000 Künstler aller Kultursparten flankierten die Wallfahrt in mehr als 500 Einzelveranstaltungen. Im Jahr 2008 werden mehrere zehntausend deutsche Jugendliche nach Sydney/Australien pilgern, um dort beim nächsten Weltjugendtag die interkulturellen Kontakte weiterzuknüpfen. Soeben sind 35.000 deutsche katholische Jungen und Mädchen von der diesjährigen, ebenfalls mit Kulturprogrammen umrahmten Ministranten-Wallfahrt aus Rom zurückgekehrt, wo sie tausende von Jugendlichen aus 17 Nationen getroffen haben. Vorgenanntes ist nur ein kleiner Ausschnitt aus dem enormen Spektrum aktueller katholischer Wallfahrt-Aktivitäten der nachwachsenden Generationen. Hierin konstituiert sich ein auf Zukunft hin angelegter Kulturaustausch.

Vor dem Hintergrund des hier Dargestellten dürfte außer Frage stehen, dass die katholische Kirche als globale Begegnungsplattform kulturell wacher, mitmenschlich engagierter Menschen einen unschätzbaren Beitrag für die interkulturelle Völkerverständigung leistet. Sie tut das nicht zum eigenen Selbstzweck, sondern weil das friedliche Miteinander *aller* Menschen unaufgebbar zu ihrer Vision gehört – eine ideelle Ausrichtung, die Grundlage jeder staatlichen Außenpolitik sein sollte. Mithin wäre es bedauerlich, wenn das Auswärtige Amt der deutschen Bundesregierung seine bisherige bewährte Unterstützung der internationalen Kulturarbeit der Kirchen überproportional reduzieren würde. Die vom Deutschen Bundestag eingesetzte Enquete-Kommission-Kultur in Deutschland hat 2005 ein Gutachten zum „*Beitrag der Kirchen und Religionsgemeinschaften zum kulturellen Leben in Deutschland*" in Auftrag gegeben. In dessen nunmehr auf der Website des Bundestages veröffentlichten „Zusammenfassung der Ergebnisse" heißt es: „*Nach übereinstimmender Auffassung nicht hinreichend genutzt für die Außendarstellung Deutschlands in der Welt ist das Potential seiner Kultur. Die Kirchen und ihre Kulturarbeit könnten einen wichtigen Beitrag zum Außenbild der Kulturnation Deutschlands leisten*" (Tätigkeitsbericht EK-Kultur S. 375). Die katholische Kirche tut das bereits intensiv, wie oben gezeigt. Aber eine deutlichere Unterstützung seitens des Gemeinwesens wäre in der Tat eine gute Motivation, auf diesem Weg mit Energie fortzuschreiten.

Zuerst erschienen in politik und kultur September – Oktober 2006

Martin Schindehütte

Zählen und beten, das kann ich nur in deutsch – Religion als Heimat des Menschen

„Man kann sich an alles gewöhnen. Aber zählen und beten, das kann ich nur in deutsch!" Dieser Satz einer Frau aus Tübingen, die seit Jahren in Buenos Aires lebt und arbeitet, trifft die Situation vieler Deutscher, die für kürzere oder längere Zeit im Ausland leben. „Ein Stück zu Hause finden", so heißt das Programm, mit dem die Evangelische Kirche Menschen schon vor ihrer Ausreise einlädt, Kontakt zu einer der 140 deutschen Gemeinden aufzunehmen, mit denen die EKD weltweit vertreten ist. Es geht nicht darum, sich unter Deutschen und mit Deutschen gegenüber der neuen Umgebung abzuschotten. Wer in der fremden Umgebung ein Stück Heimat findet, hat es leichter, sich dem Neuen und Fremden zu öffnen. Es ist die Erfahrung vieler, die über längere Zeit im Ausland leben, dass das besondere Verhältnis zur Muttersprache und zu den eigenen kulturellen und religiösen Traditionen erst dann richtig bewusst wird, wenn man durch massive Fremderfahrungen auf die Frage nach dem Eigenen stößt.

Heimatgefühle entstehen oft aus dem Mangel an Vertrautheit. „Heimweh" empfindet man ja in der Fremde. Eine Heimat zu haben, hat sehr viel mit Kultur zu tun. Kultur speist sich aus dem Vertrauten, dem Selbstverständlichen, dem noch nicht Hinterfragten: mit Sprache, mit Gerüchen, mit Bildern, mit Ritualen, mit Musik, mit Orten und mit Zeitrhythmen. Da mag man über Jahre seine privaten Alternativen zum Heiligen Abend gesucht haben – nach zwei Jahren in Asien kommt die Sehnsucht nach der Christmette und den Gänsebraten. Da mag man den Sonntagvormittag in Hamburg oder Berlin vorzugsweise zum Ausschlafen genutzt haben – im islamischen Umfeld fehlt einem plötzlich das Kirchgeläut, das einen daheim vielleicht sogar ärgerlich geweckt hat. Viele Deutsche suchen deshalb im Ausland diese Nähe zu einer deutschen Gemeinde, auch wenn sie zuhause vielleicht gar nicht auf die Idee gekommen wären, sich in einer Kirchengemeinde zu engagieren. Das ist dann eine spannende Mischung: Deutsche, die in binationalen Ehen leben, finden sich ebenso ein wie die „Expatriates", also die im Ausland lebenden und arbeitenden Gastwissenschaftlerinnen und Ingenieure, Ärztinnen und Mitarbeiter internationaler Firmen, Studenten und Praktikanten, und schließlich Menschen, die ihren Lebensabend in einem anderen Land verbringen.

Nicht wenige suchen ganz konkrete Hilfe und seelsorgerliche Betreuung in mancherlei Krisensituationen, die in fremder Umgebung sich oft um so schärfer ausprägen. Das geht von der Lösung von Reiseproblemen über die Bewältigung familiärer Krisen bis zur Betreuung traumatisierter Opfer von Unfällen, Krieg und Terroranschlägen.

Zentrum ist das gottesdienstliche Leben der Gemeinde. Die Orientierung am christlichen Glauben und das Hören auf das Evangelium sind ja die Konstitutiva jeder Gemeinde. Zugleich ist die Versammlung der Gemeinde aber auch ein kulturelles Ereignis. Geht es doch auch im die Vergewisserung der Gegenwart und Zukunft aus der Geschichte, aus gelebten Traditionen, die notwendig immer auch eine Ausdrucksform von Kultur ist.

Und natürlich spielt das kulturelle Leben nicht nur dort sondern weit darüber hinaus in den deutschen Gemeinden eine große Rolle. Hier verbindet sich in dem Austausch der Erfahrungen des Lebens und Arbeitens in einem fremden Land und dem vertrauten Kontext der deutschen Gemeinde die eigene, mit gebrachte Kultur notwendig mit der Kultur des Landes – Kulturaustausch als ständiger Prozess, als Alltagsrealität. Die deutsche Kultur leben und die fremde Kultur wahrnehmen, aus dieser Spannung speist sich die Dynamik der Kulturarbeit der Auslandsgemeinden.

Entsprechend den unterschiedlichen kulturellen Kontexten und den verschiedenen „Fremdheitsgrade" ist auch das Kulturengagement in den 140 Auslandgemeinden sehr unterschiedlich ausgeprägt. Auch die Kooperation mit einheimischen und deutschen Institutionen, von den großen politischen Stiftungen über die Goetheinstitute bis zu kleinen, unabhängigen Organisationen, ist von Ort zu Ort unterschiedlich. Von Lesungen mit deutschen Autoren über Sprachkurse über Konzerte über Ausstellungen zu historischen, politischen oder künstlerischen und religiösen Themen findet sich die ganze Bandbreite kultureller Ausdrucksformen. Dabei ergeben sich die Schwerpunkte aus dem jeweiligen kulturellen Kontext. Während etwa im Nahen und Mittleren Osten Fragen des Dialogs mit dem Islam eine wichtige Rolle spielen, ist das Thema „Religion und Politik" für die deutschen Gemeinden in den USA besonders wichtig.

Nicht anders als in Deutschland leben die Auslandsgemeinden dabei von der hohen Motivation und Expertise der ehrenamtlich Engagierten. Häufig ist der kulturelle Austausch etwas ganz Selbstverständliches und Alltägliches, wie etwa in den vielen Musikgruppen und Chören, in denen Einheimische und Deutsche zusammen eine Sprache finden. Es gibt darunter aber auch ganz außergewöhnliche Projekte, die weit über das Einzugsgebiet der deutschen Gemeinde bekannt wurden. So gibt zum Beispiel der deutsch-ukrainische Chor der deutschsprachigen Gemeinde in Kiew seit 15 Jahren sowohl in der Ukraine als auch in Deutschland Konzerte. Musik spielt auch in der Deutschen Gemeinde in Paris eine große Rolle. Hier gibt es regelmäßige musikalische Martineen und eine enge Kooperation mit dem Conservatoire National de Paris. 2005 hat die Deutsche Gemeinde am internationalen Bachfestival in Paris teilgenommen – Ausdruck der künstlerischen Qualität, aber auch Form eines religiösen Kulturaustausches, wenn die protestantische Kirchenmusik auf die großen katholischen Kompositionen trifft. Wo tiefere musikalische „Kulturdifferenzen" zu erwarten sind, weil die musikalischen Traditionen sich deutlich von den europäischen unterscheiden, ist die Begegnung mit der Orgelmusik des Protestantismus eine besondere Herausforderung. In Singapur läuft seit einigen Jahren sehr erfolgreich das Programm „Pipeworks", das sich mit anspruchvollen wie experimentellen Konzertreihen an das einheimische Publikum wendet. Parallel zur jährlichen Konzertreihe gibt es Diskussionsforen und kirchliche Feste, so dass über die Musik auch eine Brücke zur fremden Religion des Christentums geschlagen wird. Für viele Deutsche eine willkommene Gelegenheit, Singapurer Freunden und Kollegen einen Einblick in ihre eigene kulturelle und religiöse Tradition zu bieten. Die Rituale des Kirchenjahres spielen in vielen Gemeinden eine große Rolle: Weihnachten, Ostern und Pfingsten, aber auch Martinstage oder Reformationstage. Sie sind wichtige Haftpunkte zur Begegnung zwischen Religionen und Kulturen.

Die St. Petrikirche im Herzen Kopenhagens ist ein Zentrum des dänisch-deutschen Kulturaustausches geworden. Hier trägt die deutsche Gemeinde mit ihren historischen Gebäuden, auch mit Führungen und dem Erhalt denkmalgeschützter Sakralbauten, zum kulturellen Leben der Stadt bei. Um der Musealisierung vorzubeugen, gibt es immer ein Kulturprogramm, das sich um gegenwärtige Ausdrucksformen und gegenwärtige Fragestellungen kümmert.

An mehreren Orten, vor allem in den USA und in Canada, hat es in diesem Jahr, teilweise in Kooperation mit der Deutschen Botschaft ein Programm unter dem Thema „Kirche und Kultur – Church und Culture" gegeben. Im Mittelpunkt standen Vorträgen, Filme und Lesungen zum 60. Todestag von Dietrich Bonhoeffer. Der deutsche Theologe, der selbst einige Jahre in Barcelona und London gearbeitet und in New York gelehrt hat, gehört nicht nur in Deutschland zu den bekanntesten Theologen des 20. Jahrhunderts. Der enge Zusammenhang von Leben und Lehre, von theologisch reflektiertem und persönlich geleistetem Widerstand gegen den Nationalsozialismus, der zu seiner Ermordung im Konzentrationslager geführt hat, sind ein bleibendes kulturelles Zeugnis unseres Landes von ökumenischer Dimension. Auch an seiner Person macht sich die Aufgabe fest, die Geschichte von zwei Diktaturen in unserem Land nicht nur politisch, sondern auch kulturell aufzunehmen und aus dieser Erinnerung neue Perspektiven zu entwickeln.

Die enge Verbindung zwischen Kulturaustausch und der Bearbeitung des eigenen nationalen Erbes zeigt sich auch im südlichen Afrika. Neben der baulichen Unterhaltung der alten Kirchen, etwa der Christuskirche in Windhuek, oder der Kirche in der Strand Street in Kapstadt von 1780, die längst zum „national monument“ geworden sind, gilt es auch, die Schattenseiten des kolonialen Erbes zu thematisieren. Deshalb gibt die deutsche Gemeinde in Namibia einen „Afrikanischen Heimatkalender“ heraus, der vor allem Beiträge zur wissenschaftlichen Aufarbeitung des Deutsch-Herero-Krieges anbietet.

Die wenigen Beispiele aus dem reichen religiösen, sozialen und kulturellen Leben der deutschen Gemeinden im Ausland mögen Hinweis sein auf ihre Bedeutung für den Dialog und das friedliche Zusammenleben unterschiedlicher, ja nicht selten konfligierender gesellschaftlicher und persönlicher Entwürfe in einer globalisierten Welt. Die Kulturarbeit dieser Gemeinden ist in tiefsten Grunde jedoch nicht in erster Linie einer Bearbeitung und Überwindung von Fremdheit geschuldet. Sie lebt vielmehr aus einer positiv formulierten biblischen Hoffnung: *Und es werden kommen von Osten und von Westen, von Norden und von Süden, die zu Tisch sitzen werden im Reich Gottes.* (Lk 13,29)

Zuerst erschienen in politik und kultur September – Oktober 2006

Katharina Winnekes

Investition in die Zukunft – Museen und Schatzkammern in katholischer Trägerschaft

Kunstmuseen, oft aus bürgerschaftlichem Engagement und der Sammeltätigkeit Einzelner entstanden und als Institutionen zur Bildung der Öffentlichkeit vorgehalten, existieren in großer Zahl. Museumsbesucher hingegen gehören gemessen an der Gesamtbevölkerung einer eher raren Spezies an, auf die man zunehmend mit publikumsträchtigen Trends und Events Jagd macht, um so anhand verkaufter Eintrittskarten messbare „Erfolge" nachzuweisen.

Angesichts dieser Situation und der knappen Finanzen in den Bistümern stellt sich die Frage nach Profil und Leistung der 43 ausschließlich von der katholischen Kirche finanzierten Häuser in Deutschland, zu denen noch mehr als 100 konzeptionell und finanziell unterstützte Stadt-, Heimat-, Missions- und Ordensmuseen kommen. So manche dieser Einrichtungen wurde Mitte des 19. Jahrhunderts von einem christlichen Kunstverein ins Leben gerufen, um die Erhaltung und Erforschung christlicher Kunstwerke zu gewährleisten, die insbesondere als Folge der Säkularisierung ihre Funktion in Kirchen und Klöstern verloren hatten. Außerdem sollten im Zuge der kulturellen Rückbesinnung gerade die mittelalterlichen Werke als nachahmenswerte Beispiele ausgestellt und den zeitgenössischen Künstlern als Anregung für ihr eigenes Schaffen vor Augen geführt werden.

Altarbilder, Heiligenfiguren, liturgische Schriften, Reliquiare, Messgewänder, Antependien, liturgisches Gerät und Gegenstände privater Andacht fanden durch Ankauf und durch Schenkungen ihren Weg in öffentliche und in kirchliche Museen. Während die einen von Anfang an profane *und* sakrale Kunst sammeln, halten die anderen bis heute nahezu ausschließlich am ursprünglichen Konzept fest und konzentrieren sich auch bei der modernen und zeitgenössischen Kunst auf Werke aus dem kirchlichen Kontext. Der dezidiert christliche Gehalt und die Weiterführung bekannter Bildtraditionen stehen im Zentrum des Interesses. Zum Überdenken dieser Position haben wohl auch die international beachteten Ausstellungen zeitgenössischer Kunst in der Kölner Kunststation St. Peter beigetragen, einer spätgotischen Pfarrkirche, in welcher der Jesuit Friedhelm Mennekes der Kunst und der Kirche schon manche anregende und konfliktträchtige Begegnung zugemutet hat.

In einem zusammenwachsenden Europa und angesichts der allenthalben stattfindenden Globalisierung besteht eine wichtige Aufgabe der kirchlichen Museen darin, den Blick auf die kulturellen Wurzeln Europas und sein christliches Erbe zu ermöglichen. Gleichermaßen soll aber auch das von Papst Johannes Paul II. in seiner Münchener Ansprache an Künstler und Publizisten 1980 geforderte „Aggiornamento", die Zuwendung zum Heute, gewährleistet sein. Es gilt also einerseits, das Überkommene zu pflegen und in permanenten Sammlungen oder in thematischen Ausstellungen zu zeigen, andererseits steht der Anspruch im Raum, die Sammlungen auch der zeitgenössischen Kunst zu öffnen, die weder kirchlich ist noch eine dezidiert christliche Ikonographie weiterträgt, eventuell auch besonders gut gestaltete Gegenstände des alltäglichen Gebrauchs unserer Zeit mit den eher zufällig entstandenen Kollektionen alter Kunst planvoll zu vernetzen. Aufführungen mit alter und neuer Musik, Literaturlesungen und auch die darstellende Kunst können bereichernd in diesen Kosmos aufgenommen werden. Dabei geht es nicht um Image-Politur, auch nicht um Anbiederung oder um Vereinnahmung aktueller künstlerischer Arbeiten, sondern um Begegnungen, welche die in der Kunst früherer Jahrhunderte verdichteten Bilder von Welt oder Fragen nach dem, was die Welt in ihren Grundfesten zusammenhält, als heutige erfahrbar machen.

Die Auseinandersetzung mit der Kunst und ihren Inhalten ist grundsätzlich überall möglich. Sie kann zu Hause, im Atelier, in Galerien, Kirchen, Ausstellungshallen und Museen stattfinden. Aber mit Sicherheit beeinflussen Ort und Art der Präsentation die unmittelbaren Rezeptionsweisen und -möglichkeiten der Betrachter ganz wesentlich. Viele der kirchlichen Museen und Schatzkammern befinden sich in historischen Gebäuden, in Annexräumen bedeutender denkmalgeschützter Dome oder auch in den Kirchenräumen selbst. Diese spezifischen Orte bieten Möglichkeiten, die ihrer ursprünglichen Funktionszusammenhänge beraubten Altarbilder, Heiligenfiguren, Messgewänder, Monstranzen, Reliquiare, Kelche usw. zumindest in einem atmosphärisch adäquaten Ambiente zu sehen oder sogar den Charakter eines mittelalterlichen Armariums oder einer Heiltumskammer zu erleben. Selbst dann, wenn nur die räumliche Nachbarschaft von Ausstellungsort und Kirchenraum gegeben ist, vermag die Kunstausstellung die ästhetische Wertschätzung der Kirchenausstattung zu steigern, und umgekehrt erweitert die in ihren ursprünglichen räumlichen und liturgischen Zusammenhängen erfahrbare Kirchenausstattung das Verständnis der als ästhetische Gegenstände präsentierten Zeugnisse kirchlicher Vergangenheit.

Museumsneubauten verfügen naturgemäß nicht über diese Aura. Sie sind darauf angewiesen, in ihren „neutralen" Räumen Zusammenhänge für die präsentierten Kunstwerke zu erfinden, die dem Betrachter bereichernde Erlebnisse und Erkenntnisse bieten. Die Bandbreite der Möglichkeiten ist groß: Ausstellungen zu bestimmten Themen erschließen historische, künstlerische, religiöse oder anthropologische Inhalte. Die sinngemäße Rekonstruktion ursprünglich denkbarer Funktionszusammenhänge der ausgestellten Kunstwerke mag deren Verlust kompensieren. Zusammenstellungen motiv- und stilgeschichtlich vergleichbarer Werke, etwa von Christusbildern oder Madonnen, die sich in Haltung, Ausdruck und Attributen voneinander unterscheiden, fragen nach möglichen Zugangsweisen. Ensembles der Schatzkunst mit ihren kostbaren Materialien wie Gold, Elfenbein, Email und Edelsteinen bieten Ansatzpunkte, Begriffe wie „wertvoll" und „schön" aus ihrer historischen Sicht zu betrachten und mit heutigen Wertvorstellungen zu konfrontieren. Christkindfiguren, Krippen, Eingericht, frommer Nippes, Wettersegen, Wallfahrtsbildchen und andere, hundertfach reproduzierte anrührende Andachtsbildchen für den privaten Gebrauch vertiefen frömmigkeitsgeschichtliche Aspekte, die mittlerweile kaum noch bekannt sind. Im Diskurs mit zeitgenössischen Kunstwerken gewinnen die historischen Zeugnisse Aktualität, und im Gegenzug erfahren jene bereichernde Erweiterung durch das Bewusstwerden des geschichtlich Gewachsenen. Im Miteinander von Alt und Neu, von Bekanntem und Unbekanntem, im Verzicht auf erdachte Ordnungen kunsthistorischer, ikonographischer oder didaktischer Kategorien zugunsten teils kognitiver, teils intuitiver Bezugssysteme können sich immer wieder neue Räume des Anschauens und Nachdenkens eröffnen. So erweitern sich die positivistischen Kategorien historischer Wissenschaften und schaffen Freiraum für philosophische und anthropologische – damit auch für religiöse – Fragestellungen. Es ist ein Glücksfall, wenn sich wie in dem fast vollendeten, für das Erzbistum Köln vom Schweizer Architekten Peter Zumthor geplanten Neubau Kolumba alle angeführten Komponenten vereinigen lassen. Hier wird der unter Denkmalschutz stehende historische Bestand mit ergrabenen Zeugnissen römischer und mittelalterlicher Bauten, der als Kriegsruine erhaltenen ehemaligen Pfarrkirche St. Kolumba und der 1950 von Gottfried Böhm im Turmbereich eingebauten Kapelle „Madonna in den Trümmern" als Keimzelle in die neue Architektur integriert und die spätgotische Ruine organisch und ablesbar in den Neubau überführt. So entsteht ein unverwechselbarer, architektonisch gestalteter Ort, der zur Entdeckung seiner komplexen Geschichte und zum Erleben seiner besonderen Atmosphäre einlädt. Ab 2007 werden hier auf lange erprobte Weise alte und neue, „religiöse" und „profane" Kunstwerke in wechselnden Dialogen präsentiert. Kolumba schafft als „Museum der Nachdenklichkeit" Anlässe zum Verweilen und zur eingehenden Auseinandersetzung mit den Dingen, ihren Beziehungen zueinander und zum Ort.

Die Besonderheit kirchlicher Museen liegt darin, Gegenpole zur allseits angestrebten Beschleunigung und Effizienzsteigerung auszuprägen, Bewusstsein für Muße zu entwickeln und zeitliche Freiräume für bewusstes Wahrnehmen, Erinnern, Staunen, zweckfreies Denken und Gestalten zurückzugewinnen. Sie geben Fragen nach historischen, zeitgenössischen und ganz individuellen Bildern von Welt weiten

Raum und greifen sie im öffentlichen Gespräch mit den Besuchern auf. Mit ihren kunstwissenschaftlichen, philosophischen, anthropologischen und religiösen Fragestellungen können sie äußerst vitale Orte sein. Ihr Fundus besteht in der Kunst und deren immanenten Verdichtungen von Welterfahrung. Ihre Gesprächspartner sind die Menschen, die sich darauf einlassen, Zeit zu investieren, um mit allen Sinnen wahrzunehmen und Freiräume zum Denken, Glauben und Handeln zu entdecken. Wenn die katholische Kirche weiterhin eine so bedeutende Zahl an Museen und Schatzkammern für die Öffentlichkeit bereithält und trotz weitgreifender Sparmaßnahmen den Neubau Kolumba ermöglicht, investiert sie so in die über sich selbst hinausgreifenden Menschen und damit nicht nur in ihre eigene Zukunft, sondern in die Zukunft der Gesamtgesellschaft.

Zuerst erschienen in politik und kultur September – Oktober 2006

Christhard-Georg Neubert

Kulturkirchen – Schwellenräume zwischen Religion und Kunst. Kultur gehörte schon immer zum Auftrag der Kirche

Als Martin Luther im Oktober 1537 das Haus seines Malerfreundes Lucas Cranach in der Wittenberger Schloßstrasse 1 aufsuchte, fielen dem 54-jährigen Reformator die Schritte schwer. Luther hatte seinem neun Jahre älteren Freunde geraten, Hans, den hochbegabten, ältesten Sohn auf die gefährliche Reise nach Italien gehen zu lassen, um die Bilder der dortigen Renaissancemaler zu studieren. In Bologna war der Hoffnungsträger Hans Cranach mit 24 Jahren überraschend gestorben. Nun musste sich Luther fragen lassen, ob sein Rat richtig gewesen war. Wir wissen nicht viel vom Verlauf des Gespräches, aber wir dürfen annehmen, dass die Freunde ihr Gespräch in Cranachs Werkstatt führten, in der sie so oft inmitten der Bilder Luthers theologische Einsichten diskutiert hatten. Die Malerwerkstatt war in jener Zeit voll gestellt mit einer Vielzahl noch halbfertiger neuer Altarbilder.

Die protestantischen Stände Sachsens suchten für die Stadtkirchen und Schlosskapellen Bildwerke, die beides miteinander vereinten: höchste künstlerische Qualität und Interpretation der reformatorischen Lehre. Cranach wurde zum Meister der bildgewordenen Rechtfertigungslehre Martin Luthers. Ob in Zwickau, Schneeberg, Wittenberg, Weimar oder Torgau, überall findet die von Cranach dem Älteren entwickelte Darstellung von Gesetz und Evangelium Aufnahme in einem Altarprogramm. Als Mittel der Bildargumentation dient die antithetische Aufteilung der Bildhälften nicht primär der polemischen Abweisung der für falsch gehaltenen römischen Lehre, sondern der Verdeutlichung des dialektischen Erlösungsgeschehens zwischen Altem und Neuem Bund, zwischen Gesetz und Evangelium. Dass Cranach die reformatorischen Grundgedanken so einzigartig in bis heute gut lesbare Bildprogramme umzusetzen verstand, ist sicher Zeichen seines tiefen Verständnisses der protestantischen Lehre. Man wird jedoch nicht fehlgehen in der Annahme, dass Cranach die theologischen Grundlagen seiner künstlerischen Arbeit in unzähligen Gesprächen mit Martin Luther gewann, mit dem ihn eine ungewöhnlich enge Freundschaft verband, die zu engsten Beziehungen und gegenseitigen Patenschaften für die Kinder der Familien Cranach und Luther führte.

In jener Zeit erwuchsen die künstlerischen Maßstäbe für die Bilder und Bildprogramme protestantischer Kirchenräume. Selbst wenn die aus mancherlei Kirchenbesuchen gewonnene Erfahrung andere Einsichten nahe legt, so haben diese Maßstäbe ihre Gültigkeit bis heute nicht eingebüßt. Das Ineinander künstlerischer Zeichensetzung und Widmung des Kirchenraumes für die Feier des Gottesdienstes wird im günstigen Fall zum unverfügbaren Gesamtkunstwerk aus Klang, Raum, Wort und Bild. Würden wir die Liturgie einmal probehalber in die moderne Disziplin der Performance einstellen, so könnte man das Ineinander von Kunst und Kirche als audiovisuelle Gesamtkomposition beschreiben, die geeignet ist, den Geist protestantischen Weltbezugs zu offenbaren.

Ohne Zweifel sind diese Maßstäbe wieder neu zu entdecken. Denn die Kirchen haben sich die kulturelle Vorreiterrolle innerhalb kurzer Zeit aus der Hand nehmen lassen. Es geht darum, die wichtigen künstlerischen Positionen und die besten Architekten für die Kirche zu gewinnen. Gerade im Kirchenbau der Nachkriegszeit ist bis tief in die 90iger Jahre hinein zu oft „die Verzagtheit der Mehrzweckhalle“ (Gesine Weinmiller) formuliert worden.

Wenn die Begriffsbestimmung „Kulturkirche“ vorübergehend einen Sinn macht, dann mag er vielleicht darin zu finden sein, dass sich unter diesem Rubrum alle jene Kirchen finden lassen, die zugespitzt formuliert, bei Lucas Cranach anknüpfen wollen, jedenfalls, was die seinerzeit gesetzten Qualitätsstandards betrifft. Der Begriff „Kulturkirche“ taugt jedoch nicht zum anmaßenden Kampfbegriff gegen herkömmliche Gemeindekirchen. Auch muss dem Missverständnis entgegengetreten werden, als würde da, wo einstmals Kirche stattfand, heute ein Kulturbetrieb tätig sein, etwa vergleichbar der im Berliner Bezirk Prenzlauer Berg gelegenen „Kulturbrauerei", in der kein Tropfen Bier mehr gebraut dafür aber umso mehr Kultur-Veranstaltungen durchgeführt werden. Evangelische „Kulturkirchen" sind ihrer eigenen Widmung gegenüber keineswegs unsicher geworden, weshalb sie jetzt „in Kultur" machen, sondern sie verstärken lediglich, was im Kern immer schon zum Auftrag der Kirche gehört hat und durch bestimmte vereinseitigende Entwicklungen ins Hintertreffen geraten ist.

In den evangelischen Landeskirchen Deutschlands ist seit mehr als 30 Jahren erneut ein Prozess zu beobachten, der im oben beschriebenen Sinne die Anschlussfähigkeit von Religion und Kunst in Kirchenräumen wieder zur Darstellung bringt. Denkt man darüber nach, wo dies stattfindet, fallen einem zuerst die Lübecker St. Petri-Kirche ein, aber auch die Hospitalkirche in Stuttgart, St. Reinoldi in Dortmund und seit jüngster Zeit St. Matthäus im Berliner Kulturforum. Freilich ließen sich noch viel mehr Orte benennen, an denen Schwellenräume zwischen Religion und Kunst neu entstanden sind. Gleichwohl unterscheiden sich die vorgenannten Kulturkirchen durch ihre erkennbar überregionale Ausstrahlung von den vielen unverzichtbaren örtlichen Initiativen. Die Berliner St. Matthäus Kirche nimmt vielleicht insofern eine Sonderstellung ein, als sich mit ihr der erklärte Wille der Evangelischen Landeskirche verbindet, an diesem Ort den Dialog der Kirche mit den Künsten exemplarisch zu führen und zu fördern. Um diese Aufgabe jenseits der je unterschiedlichen Erfordernisse, denen auch kirchliche Haushaltsausschüsse unterliegen, nachhaltig abzusichern, hat sie 1999 ihre eigene „Kulturstiftung St. Matthäus" begründet. Exemplarisch sei darum im Folgenden von Stiftung und St. Matthäus-Kirche die Rede.

Mit der Kulturstiftung St. Matthäus hat sich die Evangelische Kirche ein Instrument geschaffen, das weitgehend unabhängig sein soll, um den Dialog der Kirche mit den Künsten exemplarisch, dauerhaft und auf hohem Niveau zu führen. Dass eine solche Entscheidung in Zeiten strengster Sparzwänge möglich wurde, verdient Beachtung. Diese Entscheidung macht deutlich, dass die Evangelische Kirche konsequent der Einsicht folgt, dass es unerlässlich ist, die kulturellen Zeichen der Zeit zu lesen, zu deuten, zu dechiffrieren, denn „ohne den Dialog mit der Kultur der eigenen Gegenwart kann sich auch die Kultur des Glaubens nicht entfalten" (Bischof Wolfgang Huber).

Kraftzentrum und Veranstaltungsort der Stiftung ist die nach Plänen des Architekten Friedrich August Stüler 1846 erbaute St. Matthäus Kirche. Anmutig steht die Kirche auf der Mitte des lichten Kulturforums in der Nähe des Potsdamer Platzes, umgeben von den Edelsteinen öffentlicher Kulturinstitutionen: Neue Nationalgalerie, Gemäldegalerie, Kupferstichkabinett, Kunstbibliothek, Staatsbibliothek und Philharmonie; die Tempel der bürgerlichen Kunstreligion sind dezent aber stetig herausgefordert durch die Gegenwart des protestantischen Kirchenraums. Hier werden – so will es das Bild des Kulturforums – die Künste nicht vereinnahmt, hier wurde die Kirche aber auch nicht beerbt und musealen Zwecken gewidmet.

Diese glückliche topographische Konstellation liest sich wie ein Gleichnis auf das Programm einer Initiative, der das Kirchlein ihren Namen gab. Das Programm der Stiftung St. Matthäus versteht sich als Versuch, das, was sich auf dem Berliner Kulturforum als herausfordernde Konstellation findet, zu einer gehaltvollen Auseinandersetzung von Theologie und Ästhetik umzuwandeln, die den Sinn des Unterscheidens zwischen den Sphären ebenso schärft wie sie neue, aufregende Bezüge entdeckt. So steht das Programm zwangsläufig unter einer Spannung, die nicht ermäßigt werden kann, ohne dass auch die produktiven Energien verschwinden: nämlich Kirche und Kunst als wechselseitige Herausforderung zu begreifen.

St. Matthäus ist keine Museumskirche, auch wenn sie für die Besucher der Kultureinrichtungen am Kulturforum tagsüber ebenso geöffnet ist wie für die, die Einkehr und Ruhe suchen. Als bewährter

Konzert- und als Ausstellungsraum bleibt die helle und klare Kirche mit den zur Welt transparenten Fenstern immer ein Ort der religiösen Andacht und der theologischen Besinnung. Ob es gelingt, das ästhetische und religiöse Andacht sich gegenseitig bereichern oder gar neue, kühnere Perspektiven auf Gott, Selbst und Welt provozieren, ohne dass die Kunstwerke des Sonntags als ästhetische Staffage erscheinen und der Gottessucher wochentags als Fremdkörper unter den Kunstbeflissenen? Gelingen kann das nur je und je, im religiös wie künstlerisch angeleiteten Vollzug. Auch die sonntäglichen Gottesdienste suchen die Spannung zwischen Experiment und Tradition zu halten: zwischen bewährtem Tag und neuer Uhrzeit – die hORA beginnt um 18 Uhr – zwischen neuster und alter Kirchenmusik, zwischen feierlicher Liturgie und herausfordernder Gastpredigt, zwischen vertrauter Gemeinde und fremden Besuchern.

In eine ähnliche Spannung begibt sich das am liturgischen Kalender orientierte Projekt „Das Andere Altarbild“ das dem Selbstverständnis der Stiftung entsprechend als Verdichtung der kulturtheologischen Programme gelten kann. Darf man bildenden Künstlern den Auftrag zur Gestaltung eines Altarbildes erteilen, ohne theologische Interpretationen vorzuschreiben und Kunst religiös zu instrumentalisieren, fragt sich so mancher, der die Trennung von Religion und Kunst als emanzipative Errungenschaft feiert. Kann Kunst umgekehrt diese Probe aufs sakrale Exempel machen, ohne sich selbst zu klerikalisieren? Wie viel Provokation verträgt das Evangelium, fragt sich so mancher Christenmensch. Genau genommen muss die Frage mit jedem Altarbild neu beantwortet werden, ebenso wie die Frage, ob – und vielleicht sogar warum – ein solch künstlerischer Einspruch gelingt. Arnulf Rainer, Madeleine Dietz, Volker Stelzmann, Wieland Schmiedel, Robert Weber, Harald Gnade, Ulrich Beer, Günter Scharein und viele andere haben diesen ästhetisch-religiösen Schwellenraum schon betreten und auf ihre Weise je und je verwandelt. Offenbar fürchten manche Künstler und Künstlerinnen weniger das Klischee einer bevormundenden Kirche mit Gefälligkeitsträumen und Kitschbedürfnissen, als dass sie sich durch den geprägten Raum dieser Kirche und den exponierten Ort über dem Altar herausgefordert sehen, weil die künstlerischen Mittel als eigenständiger Kommentar zu den Themen und Formen des Christentums gewürdigt sind.

Wenn wir Schwellenräume zwischen Kunst und Religion betreten, dann betreten wir letztlich Bildräume, in denen die elementare Kunst der inneren Bildproduktion angeregt wird. Es handelt sich dabei wohl um jene imagines agentes unseres individuellen Lebens, die sich auf der inneren Projektionswand von Herz und Hirn, von Emotion und Intellekt entwerfen und nicht ohne weiteres konvertierbar sind in Worte oder andere Zeichen. In den Schwellenräumen von Kunst und Religion entstehen Bilder, die genauso antimimetisch sind wie die Kunst selbst, weil das worauf sie verweisen, letztlich keinen Anhalt an einer äußeren Realität hat. Was in der Bildproduktion individuell bleiben muss, wird in der liturgischen Performanz in ein allgemeines transformiert, das teilbar, mitteilbar und sozial relevant wird.

Was in der „Kulturkirche St. Matthäus“ im Berliner Kulturforum geschieht, ist oft genug Experiment, bewirkt aber auf eigene Weise Vertrauen und Kooperationen. Weniger sichtbar, aber umso wichtiger ist unter kirchenkulturpolitischer Perspektive das Engagement der Kulturstiftung in der Kulturszene des Landes und der Stadt. Beglaubigt durch die Arbeit an der Kulturkirche beteiligt sich die Stiftung St. Matthäus mit an kleinen wie an größeren Kunstprojekten, an der Reflexion kultureller Entwicklungen in Stadt und Land. Die Stiftung, die seit ihrer Gründung vor sechs Jahren Gemeinden und kirchliche Einrichtungen bei der Planung, Durchführung und Koordination von Kunstprojekten berät und auch mit anderen Landeskirchen kooperiert, wird immer häufiger auch von der säkularen Kulturöffentlichkeit um Beratung, Gespräch oder Teilnahme an Veranstaltungen gebeten. Diese Vernetzung in die städtische und ländliche Kulturszene der Region, die ganz allmählich aus dem Befremden über einen als kulturell abstinent wahrgenommenen Protestantismus ein Zutrauen in die kulturelle Kompetenz der Kirche wachsen lässt, gehört vielleicht mit zu den wichtigen Voraussetzung für eine Kirche, die selbst unter verschärften religionspolitischen Rahmenbedingungen ihre kulturellen Pflichten wieder mehr wahrzunehmen bereit ist. Jenseits aller Pflichten aber zählen am Ende wohl mehr noch die Freundschaften, aus denen immer wieder neu jene audiovisuellen Gesamtkompositionen höchster Komplexität erwachsen, die zu Schwellenräumen von Kunst und Religion werden.

Zuerst erschienen in September – Oktober 2006

Rolf Pitsch

Der Bibliothekar als Lesewegbegleiter – Kulturelle Wertschöpfung durch kirchliche öffentliche Büchereien

Kirchliche öffentliche Büchereien leisten in Deutschland einen unverzichtbaren Beitrag zur kulturellen Wertschöpfung. An rund 5.000 Orten werden durch die Arbeitsleistung von etwa 40.000 ehrenamtlich Mitarbeiterinnen und Mitarbeitern in öffentlichen Büchereien in kirchlicher Trägerschaft (Lese-) Medien angeboten. Dieses nur im deutschen Sprachraum anzutreffende hohe Niveau nichtstaatlicher Bibliotheksträger hat seine eigene Geschichte, die durch die politischen Entwicklungen zwischen Staat und Kirche besonders seit dem 19. Jahrhundert, ihrem Mit- und Gegeneinander bedingt ist. Gerade in einer Zeit von internationalen Vergleichstudien wie IGLU, PISA u.a. dokumentiert ein Blick auf die kontinuierlich erbrachten Leistungen einerseits den Beitrag der Kirchen zum kulturellen Wirken in der Gesellschaft und anderseits die Zukunftsfragen, die sich für die Nutzer und für die nicht oder nur schwer erreichbaren Personen stellen.

Kirchliche öffentliche Büchereien sind in aller Regel kleinere Einrichtungen, die im Nahraum ihrer Kunden in hohem Maße genutzt werden. Neben Öffnungszeiten an Werktagen spielen die Zeiten am Wochenende gerade für junge Familien z.B. für den entspannten Besuch von Mutter oder Vater mit Kindern in der Bibliothek eine besondere Rolle. Nähe zum Wohnort und günstige Öffnungszeiten spielen auch dann eine große Rolle, wenn Kinder sich allein auf den Weg machen und sich von der Begleitung und Medienauswahl der Erwachsenen emanzipieren. Der Erfolg dieser Lesewege zeigt sich immer wieder in Gesprächen in der Lobbyarbeit, wenn sich Menschen an die Bibliothekarin im Heimatdorf oder Stadtteil erinnern. Die persönliche Bindung an eine konkrete Person in einem buchaffinen Kontext ist eine der wichtigsten Determinanten für Lesebiografien. Was heute durch Ausbildungsprojekte z.B. zum „Lesepaten" von der Stiftung Lesen für unterschiedlichste Erziehungsorte angeboten wird, haben öffentliche Bibliotheken als konstanten Standard schon lange im Repertoire. Und für den kirchlichen Kontext zählt besonders: Die Mitarbeiter in den Büchereien stammen aus dem selben Lebensraum wie ihre Kunden, können neben den literarischen Kenntnisse in hohem Maße auch ihre Sozialkompetenz mit in die Medienempfehlung und Beratung einfließen lassen. Kirchliche öffentliche Büchereien sind also in vielfacher Hinsicht geeignet, den Lese- und Medieninteressierten einen Blick durch den Angebotsdschungel zu bieten.

Kirchlicher Büchereiservice als kulturelle Aufgabe hat in den verschiedenen Phasen eines Leselebensalters unterschiedliche Ausprägungen: Für junge Eltern schlägt die Unterstützung in ihrem Engagement beim Vorlesen zu Buche: Positive wie negative Erfahrungen zur Sprache bringen, Erfahrungen austauschen, Ermutigungen geben. Hinzu kommt die Sachliteratur in Erziehungsfragen und sicher auch der Roman oder die Zeitschrift für die eigene Lektüre. Für Kindergärten oder Grundschulen im Umfeld dieser Büchereien bestehen zahlreichen Möglichkeiten, mit der Bücherei als örtlichem Medienkompetenzzentrum kontinuierliche Besuchsprogramme zu vereinbaren und gemeinsam Veranstaltungsarbeit zu betreiben. Für andere lokale Organisationen und Einrichtungen (Jugendgruppen, Familiengruppen, Junge Alte, Sportvereine) gibt es mit Filmabenden, Lesenächten oder Ausstellungen ausreichend Gelegenheiten, auf einfachen organisatorischen Wegen besondere Events für die jeweilige Zielgruppe anzubieten.

Für die Kirchengemeinde als Träger dieser Einrichtungen ist die Bücherei als öffentlich zugänglicher Kommunikations- und Kulturort wichtig. Hierher kommen Menschen, die Interesse an wertegebundener Lektüre und Gesprächen haben. Literarische Gesprächkreise, die über die Lektüre des einzelnen hinaus nach gemeinsamen Leseerfahrungen fragen und über zum eigenen Textverständnis ergänzende

Horizonte öffnen können, kommen – nicht nur weil es in der Apostelgeschichte (Apg. 8, 26 – 40) so eindringlich beschrieben ist – ein besonderen Stellenwert zu.

Für die Kinder ist die in aller Regel kostenlose Ausleihmöglichkeit wichtig, damit sie – unabhängig von den Bedingungen des Elternhauses – eine eigene Chance zum Erwerb einer Lesequalifikation haben können. Dazu tragen zahlreiche Leseförderungsaktivitäten der kirchlichen Bibliotheksverbände besonders bei. Der Service der drei Bibliotheksverbände (Deutscher Verband Evangelischer Büchereien, St. Michaelsbund, Borromäusverein) und den mit ihnen zusammenwirkenden Büchereifachstellen in den Landeskirchen und Diözesen stellt ergänzend zum Engagement und zur Kompetenz der meist ehrenamtlichen Büchermitarbeiter das hauptamtliche Rückgrat der kirchlichen Büchereiarbeit dar. Hier findet der Austausch mit dem gesamten Bibliothekswesen statt, hier können politische Akzente gesetzt, Chancen und Defizite der Rahmenbedingungen formuliert und vertreten werden.

Diese sind neben den bibliothekarischen Fachfragen primär im Bereich der Verbesserungen für ehrenamtliche Arbeit zu suchen, was u.a. im Bundesnetzwerk Bürgerschaftlichen Engagements (BBE) geschieht. Vernetzung steht zunehmend im Bereich der Leseförderung mit der Stiftung Lesen und anderen Akteuren auf Landesebenen an. Leseförderung ist in der Geschichte der kirchlichen Büchereiarbeit historisch als Beitrag zur Partizipation des Einzelnen an der Gemeinschaft grundgelegt. Wenn es vor 160 Jahren um die Lesefähigkeit und um den Zugang zum privat meist unerschwinglichen Buch ging, dann geht es heute und noch mehr in der Zukunft um die Frage, ob öffentliche Bibliotheken in kirchlicher Trägerschaft weiter einen Beitrag zu einer Beteiligungsgerechtigkeit leisten können und wollen. Von der Seite der Wohnortnähe, des ehrenamtlichen Personals und ihrer personalen Kompetenz aus betrachtet, sieht die Zukunftsperspektive gut aus. Schwieriger wird es, wenn gesellschaftliche Teilhabe in Zukunft noch stärker an technische Medien, an das Internet geknüpft sein wird und damit für die einzelne Bücherei ordnungspolitische Themen Barrieren entstehen können. Im Grundsatz stellen sich mit neuen Technologien erst einmal nur die alten Fragen neu: Wer schafft möglichst allen Bevölkerungsgruppen einen niedrigschwelligen Zugang zu kulturellen Inhalten? Wer hält die Informationen über gesellschaftspolitische Essentials bereit? Wer kann bei der Suche nach Inhalten beraten? Wer kann auf Ratgeber hinweisen? Welche Ratgeber sind für Menschen aus unterschiedlichen Alters- und Milieugruppen vertrauenswürdig?

Die beiden christlichen Volkskirchen haben in ihrer Erklärung „Chancen und Risiken der Mediengesellschaft“ (1997) u.a. klar zugängliche Recherchestationen in öffentlichen Einrichtungen gefordert, die kostenlos oder gegen ein geringes Entgelt Online-Angebote bereitstellen. Diese könnten auch in den Büchereien platziert sein. Die Politik muss sich jedoch fragen lassen, ob sie mit verschlechterten Rahmenbedingungen wie im Rundfunkgebührenstaatsvertrag (durch eine Gebühr für PCs ab 1.1.2007) oder im Gemeinützigkeitsrecht (durch die Rücknahme der Spendenabzugsfähigkeit für Fördervereinsmitglieder mit Benutzerausweisen [Diese Maßnahme wurde mit der Reform des Gemeinnützigkeitsrechts im Jahr 2007 bereinigt. Die Redaktion]) nicht diese Beteiligungsmöglichkeiten für Klein und Groß, Arm und Reich torpediert. Beide Maßnahmen widersprechen allen politisch groß geschrieben Bemühungen um Bürokratieabbau, Bürgergesellschaft und Eigenverantwortung. Neben den Anstrengungen vieler ehrenamtlich Tätiger und dem Engagement der Kirchen als freier Träger sind kreative Maßnahmen der Politik gefordert.

Nähere Informationen zur kirchlichen Büchereiarbeit sind zu finden unter www.borro.de, www.dveb.info, www.st-michaelsbund.de

Zuerst erschienen in politik und kultur September – Oktober 2006

Walter Zahner

Häuser Gottes und Häuser für die Menschen – Kirchenräume als besonders ausgewiesene Plätze der Begegnung

Besondere Orte

Kirchengebäude sind die sichtbarsten und auffälligsten Zeichen der Präsenz des Religiösen in unserer Gesellschaft. Mächtige Dome wie Dorfkirchen, Klosteranlagen wie Nachkriegskirchenbauten prägen zahlreiche Ortsbilder, sind oft so etwas wie Keimzellen von Stadtteilen. Allein ihre Größe, vielfach auch ihre Platzierung weisen ihnen städtebaulich einen zentralen Ort in unserer (post-)modernen Gesellschaft zu.

Dabei sind Kirchen schon immer Stätten der Versammlung der Gläubigen. Hier kommen die Gemeindemitglieder zu ihren regelmäßigen Gottesdiensten zusammen. Einzelne finden einen Ort zum persönlichen Gebet. Sodann sind sie aber ebenso Orte für die Zusammenkunft all derjenigen, die Hilfe brauchen, die auf der Suche nach Unterstützung sind. Kirchen sind offen für jedermann. Sie bieten Wege zu dem, was man den Ganz Anderen nennen könnte, eröffnen Möglichkeiten zu Etwas, das innerweltlich nicht fassbar ist.

Kirchengebäude laden alle ein, sie zu aufzusuchen. Sie sind Orte des Heiligen wie der religiösen Tradition, sie sind städtische oder dörfliche Oasen für andere Wirklichkeitserfahrungen wie auch Orte von Kunst und Geschichte. Kirchenräume sind besonders ausgewiesene Plätze der Begegnung; hier begegnen sich Gott und Mensch. Kirchen sind und werden immer wieder neu aus lebendigen Steinen auferbaut. Hier treffen sich aber auch zahlreiche Menschen, die durch das Besondere des Ortes zu einem lebendigen Austausch aufgefordert, zum gemeinsamen Beten eingeladen werden.

Bestand

Der Baubestand der Katholischen Kirche in Deutschland umfasst etwa 60.000 Gebäude. Davon sind 24.500 Kirchen und frei stehende Kapellen; etwa ein Drittel davon stammt aus dem 20. oder 21. Jahrhundert. Sie werden zum größeren Teil von den zuständigen diözesanen Bauabteilungen betreut. Manche Kirchen unterliegen so genannter Staatsbaulast, das heißt die anfallenden Kosten bei Renovierungen der äußeren wie inneren Bauschale werden von staatlicher Seite übernommen. Hierzu zählen zum Beispiel der Bamberger oder der Regensburger Dom, die ehemalige Zisterzienserabteikirche von Ebrach (seit 1803 Pfarrkirche) und manche andere bedeutende historische Kirche. Die Kosten für die liturgische Ausstattung übernimmt hingegen das Bistum beziehungsweise die Pfarrei. Allein 23.000 dieser Kirchen und Kapellen stehen unter Denkmalschutz. Sie werden mit erheblichen kirchlichen Mitteln geschützt. Die Katholische Kirche erhält damit Kristallisationspunkte abendländischer Baukultur. Die 27 Bistümer investieren pro Jahr mehr als 400 Millionen Euro zum dauerhaften Erhalt dieser Kulturgüter; zugleich sinkt der staatliche Zuschuss. In den meisten Bundesländern liegt er inzwischen bei weniger als 5 Prozent der tatsächlichen Kosten pro Maßnahme.

Die katholischen Kirchen unseres Landes stammen aus nahezu eineinhalb Jahrtausenden. Allein zwanzig von ihnen sind als Einzelbauten (wie der Hildesheimer oder der Kölner Dom) oder im städtischen Ensemble (wie seit 2006 der Regensburger Dom als Teil der als schützenswert eingestuften historischen Altstadt) UNESCO-Weltkulturerbestätten.

Kirchliche Bauaufgaben

Die aktuellen Aufgaben der kirchlichen Bauämter umfassen neben der denkmalpflegerischen Betreuung die Begleitung selten gewordener Neubauten, eine Vielzahl von Umbauten und die Auseinandersetzung mit Fragen der künftigen Nutzung beziehungsweise sogar der Umnutzung von Kirchengebäuden.

Kirchenneubau

Auch wenn in den letzten Jahren nur mehr wenige Kirchen neu gebaut werden, in den vergangenen zehn Jahren waren es bundesweit immerhin noch etwa 50 an der Zahl, so ist festzuhalten, dass die meisten von ihnen zu den herausragenden innerstädtischen Neubauvorhaben zählen.

Mit der Herz-Jesu-Kirche in München, deren Vorgängerbau abbrannte, der Kirche Zum-Guten-Hirten in Frankfurt Nieder-Erlenbach, einem kleinen Pfarrzentrum, auf das die Gemeinde lange Jahre gewartet hatte, dem ökumenischen Zentrum Maria Magdalena in Freiburg-Rieselfeld oder auch der St. Franziskus-Kirche in Regensburg-Burgweinting, beides Kirchbauten in großen Neubaugebieten, entstanden ganz hervorragende Beispiele zeitgenössischer Sakralarchitektur. Kennzeichen ist die jeweilig sehr hohe Raumqualität. Daneben stellt eine gewisse Materialvielfalt, der spezifische Umgang mit dem natürlichen (aber auch dem künstlichen) Licht und der Einbezug zeitgenössischer Künstler in die Innenraumgestaltung das Besondere dieser Neubauten dar.

Kirchenumbau

Die Notwendigkeit von Umbauten ergibt sich in einzelnen Bistümern mit großer Regelmäßigkeit; in größeren sind es häufig jährlich mehr als ein Dutzend. Das Spezifische schält sich aus dem Zusammenwirken von Architekt/in, Künstler/in und Pfarrgemeinde – manchmal unterstützt von theologischen Beratern – jeweils neu heraus. Dabei tragen die Planungen oftmals der Tatsache Rechnung, dass die Kirchenbesucherzahlen zurückgehen. Dies kann durch einzelne Einbauten oder in der Form der Reduzierung der Sitzplätze im Rahmen einer Umorganisation des liturgischen Raumes geschehen. Ein besonderes zu benennendes Beispiel stellt die Kirche St. Albert in Andernach dar; 1951-54 von Rudolf Schwarz erbaut, hat seine Witwe Maria Schwarz den Umbau der letzten Jahre intensiv begleitet und gemeinsam mit dem Bonner Theologen Albert Gerhards und der Pfarrei die Lösung einer orientierten Versammlung gewählt, der Ausrichtung des Raumes und der Gemeinschaft auf Den, dessentwegen die Gläubigen zusammenkommen.

Kirchenumnutzung

Die Frage der Umnutzung von Kirchen stellt, genau betrachtet, kein neues Problem dar. Schon im Gefolge der Säkularisation (und die folgenden Jahrzehnte immer wieder) sind ab 1803 einzelne Kirchengebäude profaniert, d.h. aufgegeben bzw. für anderweitige nicht-liturgische Nutzungen freigegeben worden. Eine aktuelle Umfrage der Deutschen Bischofskonferenz hat ergeben, dass vom derzeitigen Gebäudebestand von 24.500 Kirchen seit 1990 etwa 1,7 Prozent ohne liturgische Nutzung verbleiben und bis 2015 insgesamt mit 3 Prozent, die von keiner Kirchengemeinde mehr genutzt werden, zu rechnen ist. Diese Situation ist dem Rückgang an Kirchenbesuchern, dem Einbruch der Kirchensteuern, aber auch der Änderung der Bevölkerungsstruktur in manchen Gebieten geschuldet.

Besonders schwierig ist die Situation im Ruhrbistum Essen. Im Januar diesen Jahres gab der Diözesanbischof bekannt, dass 96 der etwa 350 Kirchen des Bistums als „weitere Kirchen" bezeichnet werden.

Was heißt das konkret? Dies bedeutet zuerst einmal, dass für deren Erhalt und Unterhalt die Gemeinden als Besitzer dieser Kirchengebäude keinen Zuschuss mehr von Seiten des Bistums erhalten. Im Rahmen der Umstrukturierung der Kirchengemeinden im Bistum Essen werden diese Kirchen künftig von den Pfarreien nicht mehr liturgisch genutzt. Sie werden weder sofort abgerissen noch einfach verkauft. Es wird vielmehr seit Jahresbeginn für jedes einzelne Gebäude eine neue Nutzung gesucht. Für einige wenige zeichnet sich bereits heute etwas Konkretes für die Zukunft ab; einzelne sind bereits profaniert, eine wird etwa künftig als Caritas-Zentrum genutzt, andere finden demnächst eine andere, nichtgemeindliche liturgische Nutzung.

Offene Kirchen

Kirchenräume sind neben aller architektur- oder kunsthistorischen Bedeutung, zuallererst Angebote für Suchende, seien sie aktive Mitglieder von christlichen Gemeinden, seien sie seltene Festtagsbesucher, seien sie einfach nur Menschen, die einen Ort suchen, an dem sie in sich hineinhorchen oder von der Hektik des Alltags sich zurückziehen wollen. Kirchen laden jede/n ein, sie sind offen für alle.

Zuerst erschienen in politik und kultur September – Oktober 2006

Helge Adolphsen

Kultur der Ruinen? – Herausforderungen im Umgang mit überzähligen Kirchengebäuden

Die Spatzen pfeifen es von den Kirchendächern und die Medien drucken dicke Schlagzeilen: „Deutschland schleift seine Gotteshäuser", „Großes Kirchensterben", „Kneipen statt Kirchen". Der Kirche geht das Geld aus. Prognose: In den nächsten 30 Jahren verliert die evangelische Kirche ein Drittel ihrer Mitglieder und die Hälfte ihrer jetzigen Einnahmen. Der Gebäudebestand der Evangelischen Kirche in Deutschland: 21.000 Kirchen, 3.148 Gemeindezentren mit Gottesdiensträumen. Der Renovierungsbedarf wird auf 6 Milliarden Euro geschätzt. In Brandenburg und Berlin sind von 2.130 Kirchen und Kapellen fünf bis sechshundert kaum zu halten. In Hamburg stehen laut Aussagen des Oberbaudirektors von 127 denkmalswürdigen Kirchen 35 auf der schwarzen Liste. Im katholischen Bistum Essen sollen über 100 Kirchen geschlossen werden. Betroffen sind vor allem Großkirchen aus dem 19. Jahrhundert und die ungeliebten Nachkriegsneubauten.

Das Problem mit „überzähligen" Kirchen ist in Großstädten besonders akut. Die Gründe: überproportional viele Kirchen, sinkende Gemeindegliederzahlen, Zuzug von Menschen anderer Kulturen und Religionen, ständig rückläufige Kirchensteuern. Konkretes Beispiel: Der Gebäudebestand von St. Martini in Bielefeld, inzwischen zum Restaurant „Glück und Seligkeit" mutiert, wurde einst für 10.000 Gemeindeglieder konzipiert. Heute sind es 3.000.

Ähnlich und doch anders im Osten. Die evangelische Kirche in der Kirchenprovinz Sachsen verfügt über 2.300 Kirchen und Kapellen. Gemessen an der Mitgliederzahl der 22 anderen Landeskirchen hat sie die meisten Kirchengebäude. Aber gerade dort ist der Wille, keine Kirche aufzugeben, am stärksten ausgeprägt. Das gilt auch und gerade für die zahlreichen Dorfkirchen. Die Erinnerung an die DDR-Zeiten, als findige Pfarrer und Bauamtsleiter Partei- und Stasi-Leute eingespannt haben, um die baufälligen Identifikationsorte zu erhalten, wirkt nach. Der öffentliche Charakter, der kulturelle Aspekt und die starke Symbolkraft von diesen „Anderorten" ist das Kapital der Kirche, so der Bauamtsleiter Michael Sußmann. Er meidet das Wort „Umnutzung" und spricht stattdessen von „Nutzungsverbesserung". Er plädiert für eine Öffnung nach außen, für eine Nutzungserweiterung, von Kommunikationsorten für Dorfjubiläen und -feste, von Beratungshäusern und Kindergärten. Grundsatz: Nutzung ist die beste Form der Erhaltung.

Diesem Grundsatz ist auch der Evangelische Kirchbautag auf seinem Kongress in Stuttgart im Jahre 2004 gefolgt. Im „Maulbronner Mandat" heißt es: „Es gilt, Kirchengebäude als Chance für eine erweiterte und intensivierte Nutzung anzusehen, sie für andere, insbesondere für kulturelle Veranstaltungen zu öffnen und für ihren Erhalt weitere (Mit-)Träger zu gewinnen (Kommunen, Vereine, Stiftungen, Verbände etc.)." Mit der Öffnung für Ausstellungen, Lesungen, Konzerte, Ballette, Meisterfeiern, Seminare und Kongresse tun sich noch viele Gemeinden schwer. Aber Kultus und Kultur, Gottesdiensträume und Kulturorte sind nach evangelischem Verständnis kein Gegensatz. Die kulturelle Dimension der Kirche ist urevangelisch. Sie bezieht sich auf Bildung, Erziehung, Wissenschaft, Wirtschaft, Politik und die schönen Künste. Anders als die katholische Kirche, die die Kirchenräume auf den rein liturgischen Vollzug beschränkt, trennt die evangelische Kirche nicht zwischen heilig und profan, Kult und Kultur. Allerdings stellen beide Kirchen den öffentlichen Charakter ihrer Kirchen stark heraus, sprechen von dem großen „symbolischen Kapital" und behaupten zu Recht, dass es Sache aller Bürger und der Gesellschaft ist, sich an den Kosten der Gebäudeunterhaltung zu beteiligen. Das Magdeburger Manifest des Ev. Kirchbautages sprach schon 1996 von einer „Kulturerbenmitverantwortung".

Die Neuorientierung hat schon begonnen. Gemeinden im Osten und im Westen schärfen ihr Profil, bilden Schwerpunkte, arbeiten regional oder übergemeindlich, machen Kirchen zu Jugend-, Diakonie- oder Kulturkirchen. Sie gründen Stiftungen, Fördervereine, GmbHs, erbitten ein freiwilliges Kirchgeld für konkrete Projekte. Die „Deutsche Stiftung Denkmalschutz" und die evangelische Stiftung „KiBA" fördern die Renovierung und Sanierung von Kirchengebäuden und haben viele wertvolle Kirchen – besonders im Osten – vor dem Verfall gerettet.

Wirtschaftliches Denken und Handeln hat Einzug in kirchliche Gremien gehalten. Not macht auch kreativ. Hier und da wird ein Gebäudemanagement professionell betrieben. Gemeinde- und Pfarrhäuser werden verkauft. Mit dem Erlös werden Kirchenräume zu Kommunikationsorten umgestaltet, so dass alles gemeindliche Leben unter dem Dach der Kirche und im Blick auf Kreuz und Altar geschieht: Konfirmandenunterricht und Kirchencafé, Konzerte und Gemeindeversammlungen, Meditation und Mittagstisch für Wohnungslose. Ein hervorragendes Beispiel dafür ist die St. Nikolaikirche am Alten Markt in Kiel. So werden Kirchengebäude „instandbesetzt" und ihre symbolische Ausstrahlung gestärkt. Auf einen reversiblen Umbau im Sinne des Denkmalschutzes muss aber ebenso geachtet werden wie auf die widmungsgemäße Bestimmung des Raumes. Die Lesbarkeit einer Kirche muss erhalten bleiben und gestärkt werden. Was wie Kirche aussieht, muss auch wie Kirche sein! Der Gottesdienst der versammelten Gemeinde bleibt der Kernauftrag der Gemeinde. Beliebigkeit in der Nutzung und Vermietung ist zu vermeiden. Partys, Modenschauen, Gala-Dinners, Jugendweihen, Discos verbieten sich, sie fördern nur die Selbstsäkularisierung der Kirche. In Hamburg ist die Gnadenkirche an die Russisch-orthodoxe Kirche verkauft worden. Bundesweiter Konsens ist, Kirchen an die Mitgliedskirchen der Arbeitsgemeinschaft Christlicher Kirchen zu verkaufen, ein Zeichen ökumenischer Verbundenheit. In Bielefeld und in Hannover plant man, Kirchen in Synagogen zu verwandeln. Das ist ein positives Signal. Es betont die Wurzeln des christlichen Glaubens im jüdischen Glauben. Die Umwandlung in eine Moschee wird sowohl von der Katholischen wie der Evangelischen Kirche in Deutschland abgelehnt. Begründung: Widerspruch zum Symbolwert der Kirchen.

Manche Gemeinden, die eine Kirche in guter Geschäfts- und Wohnlage haben, liebäugeln mit dem Verkauf von Kirchengebäuden. Dabei denken sie an ALDI, Restaurantketten, Investoren. Eine fromme Illusion: Für Kirchen gibt es keinen Markt. Zitat eines Bankers: „Der Wert einer Kirche bemisst sich nach dem Grundstückswert minus Abrisskosten."

Und was ist, wenn offensichtlich oder scheinbar „überflüssige" Kirchen nicht mehr zu halten sind? Dann zuerst unkenntliche kirchliche Verwaltungsgebäude und Gemeindezentren mit Sakralzelle, Filialkirchen und -kapellen verkaufen, die am Rande von Städten oder Dörfern liegen und nie von Gemeinden angenommen wurden. Oder aber Kirchen auf Zeit stilllegen in der Hoffnung auf eine bessere Zukunft. Aber ab und zu Gottesdienste feiern, um die Lesbarkeit und die Symbolkraft der Kirche zu erhalten. Und um der nächsten Generation die Chancen zum Neuanfang zu bewahren. Im „Maulbronner Mandat" steht: *„Auch ‚die stillgelegten' Kirchen legen Zeugnis davon ab, dass die Geschichte Gottes mit der Welt auf eine gute Zukunft aus ist."*

Zuerst erschienen in politik und kultur September – Oktober 2006

Peter Maser

Ein neuer Trend – Kirchen und Kirchengemeinden als kulturelle Zentren im Osten?

Wer heute durch die neuen Länder reist, kann inzwischen oft eine merkwürdige Beobachtung machen: Im Mittelpunkt des Ortes glänzt die offensichtlich in den letzten Jahren renovierte Kirche mit einem neuen Dach, einem frisch vergoldeten Kreuz auf dem Turm und einer Uhr, die tatsächlich die aktuelle Zeit korrekt anzeigt. Um die Kirche herum aber ist wenig von den vielbeschworenen „blühenden Landschaften" zu sehen: Die jungen Leute sind auf der Suche nach Ausbildung und Arbeit längst weggezogen und kommen allenfalls zum Wochenende noch nach Hause. Das Schaufenster des Konsumladens wurde bereits vor Jahren mit Brettern zugenagelt, in der Kneipe ist der Zapfhahn längst ausgetrocknet, die Bücherei hat nur noch wenige Stunden in der Woche geöffnet, und ein Vereinsleben, das diesen Namen verdienen würde, gibt es allenfalls in Ansätzen.

Schaut man in die Schaukästen vor den Kirchen und unterhält sich mit Pfarrern und Gemeindegliedern, aber auch solchen Einwohnern, die mit der Kirche gar nichts zu tun haben, kann man eine interessante Entdeckung machen: Immer häufiger übernehmen Kirchengemeinden in den neuen Ländern kulturelle Funktionen, weil niemand sonst mehr da ist, der sich darum kümmern würde.

Das beginnt häufig mit der Renovierung der Kirche selbst. Auch der Kirche fernstehende Menschen sind durchaus der Meinung, dass die Kirche im Dorf bleiben und ordentlich aussehen sollte. Sie sind bereit, für die Instandsetzung der Kirche zu spenden oder selber mit Hand anzulegen, geht es doch um den Mittelpunkt des Ortes. Gemeinsames Arbeiten aber verbindet, man lernt sich näher kennen. Und schließlich muss die Wiedereinweihung der Kirche gefeiert werden. Das wird dann ganz selbstverständlich ein Volksfest für den ganzen Ort.

Der Trend „Kirchen und Kirchengemeinden als kulturelle Zentren im Osten" kommt unerwartet. Nach mehr als vierzig Jahren SED-Herrschaft hat die Entchristianisierung im Osten ein dramatisches Ausmaß erreicht. Maximal 25 Prozent der Menschen dort gehören noch einer Kirche an, während es in den alten Ländern um die 75 Prozent sind. Viele Menschen im Osten haben noch nie eine Kirche von innen gesehen und wissen nichts mehr davon, wofür die Kirchen stehen und wozu sie gut sein könnten. Unerwartet kommt der neue Trend aber auch für die kirchliche Mitarbeiterschaft. In der DDR waren die Kirchen in ein gesellschaftliches Ghetto abgedrängt worden, in dem sich viele ganz bequem eingerichtet hatten, wusste man doch, dass die sozialistische Gesellschaft aus dieser Ecke kaum noch etwas erwartete. Die „Kirche für andere" im Sinne Dietrich Bonhoeffers blieb dann oft eine Utopie, bis kirchennahe Gruppen und kirchliche Mitarbeiter entscheidend dazu beitrugen, dass der Umsturz im Herbst 1989 eine „friedliche Revolution" wurde.

In einer Situation, in der die „blühenden Landschaften" im Osten Inseln in einem Meer des sozialen und kulturellen Stillstands gleichen, wird der Dienst der Kirchen heute unter ganz anderen Vorzeichen benötigt. Das renovierte Kirchengebäude steht für die Identität des Orts, die wieder zum Laufen gebrachte Turmuhr signalisiert, hier ist die Zeit noch nicht endgültig stehen geblieben. Das ist schon eine ganze Menge – hat jedoch nur wenig mit einer erneuten Zuwendung der Menschen zur Kirche selbst zu tun. In vielen Fällen sind aber die Kirchen und ihre Gemeinden noch immer die stabilsten und effektivsten gesellschaftlichen Institutionen vor Ort.

Die Kirchengemeinden verfügen über geeignete Räumlichkeiten für die unterschiedlichsten gesellschaftlichen Aktivitäten – in der Kirche selbst oder im Gemeindehaus bzw. Pfarrhaus. Über die Betriebskosten dafür braucht nicht nachgedacht werden, denn die fallen ohnehin an. Kirchengemeinden bieten aber nicht nur Räumlichkeiten, sondern auch ein sachkundiges Personal und eine organisatorische Grundausstattung: Die Gemeindepädagogin ist für vieles einsetzbar, das Presbyterium weiß gemeinsam zu handeln, und ein Kopierer und ein Telefon stehen auch zur Verfügung. Inzwischen haben sich viele Kirchen dem neuen „gesellschaftlichen Bedarf" geöffnet: Warum sollte am Sonntagnachmittag der Männerchor nicht ein populäres Konzert in der Kirche geben? Weshalb sollte auf dem Pfarrhofgelände nicht ein Kinderfest stattfinden? Was spricht gegen eine Diskussionsveranstaltung zu kommunalen Problemen im Gemeinderaum? Kann die Kirche nicht eine Bücherei aufbauen? Darf der sportlich ambitionierte Pfarrer nicht zu einem Bikergottesdienst mit anschließender Ausfahrt einladen? Wo versammeln sich die Senioren zum Kaffeetrinken und zum Gespräch? Lassen sich die vorhandenen Möglichkeiten nicht auch für die Jugendlichen nutzen, die sonst kaum noch einen Ort haben, wo sie zusammenkommen können? Wo können größere Familienfeiern oder Jubiläen begangen werden? Selbst Veranstaltungen der politischen Bildung kann man doch in kirchlichen Räumen durchführen, wenn es andere Plätze dafür nicht mehr gibt.

Erstaunlich ist die Unbefangenheit, mit der solche Möglichkeiten inzwischen vielerorts realisiert werden. Wenn die Verhältnisse schwieriger werden, rückt man näher zusammen. Gegenseitige Fremdheiten werden abgebaut. Der Pfarrer beim Feuerwehrfest ist keine Sensation mehr – und auch nicht der PDS-Vertreter, der sich an einer Diskussion im Gemeindehaus beteiligt. Es entwickelt sich eine Kultur der gegenseitigen Achtung, die nichts mit Vereinnahmung zu tun hat. Es geht nicht um das „in die Kirche Laufen" oder „Mission", sondern um Offenheit und Vorurteilslosigkeit auf allen beteiligten Seiten. Kirchengemeinden können sich so auch zu Kristallisationspunkten bürgerschaftlichen Engagements entwickeln. Sie verstehen die Bereitstellung ihrer Möglichkeiten als gesellschaftliche Diakonie, als Dienst an der Gesellschaft. Die Zielvorstellung „Kirche für andere" wird ganz neu buchstabiert.

Auf gesamtkirchlicher Ebene wird die gesellschaftliche Diakonie in andere Weise wahrgenommen. Die klassischen diakonischen Arbeitszweige, also Krankenhäuser, Seniorenheime, Einrichtungen für Behinderte, Telefonseelsorge oder Suchthilfe, sind auch aus der sozialen Arbeit in den neuen Ländern nicht wegzudenken: Rund 400.000 hauptamtliche Mitarbeiterinnen und Mitarbeiter in ganz Deutschland werden dabei von etwa 400.000 ehrenamtlich Tätigen unterstützt. Wachsende Bedeutung gewinnen die von den Kirchen getragenen Schulen und Ausbildungseinrichtungen. In den neuen Ländern sind es alleine deutlich mehr als 200 Schulen, die allen interessierten Kindern und Jugendlichen offen stehen und keinen Nachfragemangel kennen. Erwähnt seien hier auch die zahlreichen kirchlichen oder kirchennahen Stiftungen, aus deren Erträgen z.B. Stipendien für sozial benachteiligte Schüler oder wichtige Projekte im Denkmalschutz finanziert werden. Die kirchlichen Akademien und Tagungsstätten haben einen wichtigen Anteil an der Diskussion jener Probleme, die sich aus dem Einigungsprozess und weit darüber hinaus ergeben.

Vieles von dem, was hier andeutungsweise skizziert wurde, ist gleichsam im Selbstlauf unter dem Druck der Verhältnisse in den neuen Ländern entstanden. Genauere Statistiken und ausgefeilte theologisch-sozialwissenschaftliche Theorien über alles das, was da passiert, fehlen noch. In vielen Fällen wird noch gar nicht begriffen, welche kulturelle Bedeutung Kirchen und Kirchengemeinden im Osten inzwischen gewonnen haben oder gewinnen könnten. Die Kirchen werden deshalb noch sehr viel genauer darüber nachdenken müssen, was diese neue Form gesellschaftlicher Diakonie für sie bedeutet. Und die Kulturpolitiker werden nicht umhin können, diese spezifisch kirchlichen Potentiale in ihre künftigen kulturellen Strategien bewusst einzubeziehen. Alles spricht dafür, dass es sich lohnt, darüber nachzudenken und die vorhandenen Ansätze gemeinsam weiterzuentwickeln.

Zuerst erschienen in politik und kultur November – Dezember 2006

Rolf Pitsch

Bücherei@Kultur@Kirche – Klares Bekenntnis und neue Standortbestimmungen

Vor den versammelten deutschen Bischöfen skizzierte im Rahmen eines Studientages „Kirche und Kultur" der Deutschen Bischofskonferenz in einem bemerkenswerten Referat des Würzburger Bischofs Friedhelm Hofmann das kirchliche Kulturengagement im Kontext der drei kirchlichen Grundvollzüge. Für den Bereich der Diakonie reklamierte Hofmann in Anlehnung an den Text des II. Vatikanischen Konzils „Gaudium et spes" das „Recht auf Kultur". Er erinnerte daran, dass sich die Kirche in ihrem Dienst für die Menschen um eine Ausweitung der Beteiligungsmöglichkeit an der Kultur einsetzen müsse. Denn kulturelle Teilnahmemöglichkeiten führten zu „nachhaltiger sozialer Gerechtigkeit und Integration". Die Kirche in Deutschland habe, so Hofmann, die Aufforderung des Konzils konsequent in die Tat umgesetzt und hält fest: „Die Arbeit der katholischen Büchereien, der Erwachsenenbildungseinrichtungen, der vielfältigen kulturellen Veranstaltungen ist unspektakuläre, pragmatische Kultur-Diakonie, die aber dankbar von der Öffentlichkeit wahrgenommen wird. [.] Dies ist nur aufgrund des hohen ehrenamtlichen Engagements möglich. Der hohe ehrenamtliche Anteil macht es übrigens auch möglich, die Teilnehmerbeiträge unserer kirchlichen Kulturangebote um ein vielfaches günstiger zu halten als im säkularen Bereich".

Solche Aussagen sind weder alltäglich noch selbstverständlich. Und die katholische Büchereiarbeit kann für diese Klarstellung dankbar sein. Dies umso mehr, als dieser Studientag Kultur, der durch Fachstellen und Borromäusverein intensiv durch rechtzeitige Informationen an die Verantwortlichen vorbereitet wurde, in die aktuelle Debatte in Kirche und Gesellschaft passt. Es ist der bekannte und bewährte Dreischritt „Sehen-Urteilen-Handeln", mit dem die Kulturlandschaft derzeit in Kirche und Gesellschaft vermessen wird. Dabei kann es schon jetzt als Erfolg gewertet werden, dass an vielen Ecken und Enden in der ersten Phase angepackt und das Staffelholz immer wieder an und von neuen Mitspielern im politischen Themensetzungsprozess übergeben und aufgegriffen wurde. Im Umfeld der Frankfurter Buchmesse Anfang Oktober 2006 waren neben einer erkennbaren Beruhigung der Buchbranche die deutliche Herausarbeitung einiger strategischer Zukunftsmärkte u.a. in den Bereichen Hörbuch, Digitalisierung von Medieninhalten und Vermarktungsstrategien, Betonung der Rechte der Urheber und Vernetzung der stationären Verkaufs- und Vertriebswege unübersehbar. Die Entwicklungen der nächsten Monate und Jahre sind damit vorgezeichnet. Und wenn daneben die Feierstunde zur Verleihung des Friedenspreises des deutschen Buchhandels an den Soziologen Wolf Lepenies zu einer Demonstration für die Erforschung von Friedenspfaden zwischen den Weltreligionen, für den Wert wissenschaftlicher Forschung sowie gegen die Entlassung der Universitäten in die Verwaltung des Mangels gelang, sind dies Zeichen für den Abschluss der Besichtigungsphase und für den offenen Disput über die Beurteilung der Lage der nationalen Kulturpolitik.

Was ist in dieser ersten Phase geschehen: Nach Jahren der Privatisierung, fortschreitenden Globalisierung und Kürzungen im Kulturbereich war vielleicht die „Ruckrede" von Bundespräsident Herzog vom 13.4.1999 in der Bonner Beethovenhalle ein Beginn des Aufwachens. Es bedurfte zusätzlich der Beschämung durch die Ergebnisse der PISA-Studien. Nicht dass die Befunde neu gewesen und die auf dem Tisch liegenden Handlungsansätze rasch realisiert worden wären, die Daten bestärkten unterschiedliche Akteure, sich mit einer nüchternen Besichtigung der Lage, intensiv zu beschäftigt und diesen Vorgang nicht im Verborgenen, sondern auf den öffentlichen Spielfeldern einer demokratischen Gesellschaft zu absolvieren. Hier wirkten die Aktivitäten u.a. des Deutschen Kulturrates mit seiner intensiven politischen Lobby- und Öffentlichkeitsarbeit, der Bertelsmann Stiftung mit seiner nachhaltigen Unterstützung konkreter innovativer Projekte wie „Bibliothek 2007" oder der Stiftung Lesen mit ihren leisen und lauten Kampagnen, wie dem Projekt Vorlesepaten oder dem Nationalen Vorlesetag „Große für Kleine".

Im politischen Raum bewirkten die Beschreibung von Defiziten, Handlungsbedarf und schlechten Platzierungen in internationalen Rankings die Einsetzung einer Enquete-Kommission „Kultur in Deutschland" des 15. Deutschen Bundestages und deren Fortführung im aktuell legitimierten Parlament. Inzwischen liegen viele Daten und Erkenntnissen vor, die in der Bewertungsphase zu klaren Optionen umzusetzen sind. Für die mögliche Realisierung von Ergebnissen im Kulturbereich kann die Bereinigung der Zuständigkeiten von Ländern und Bund durch die Förderalismusreform eine erste ernsthafte und nachhaltige Bewährungsprobe sein. Denn der hoffnungsvolle Blick auf diese langfristigen Meinungsbildungsprozesse darf nicht still und leise an den ernüchternden Fakten vorbei gehen, die während vieler Sonntagsreden und beginnenden Beratungen bereits geschaffen wurden.

Die im Zuge der Arbeit der Enquete-Kommission angeregte – noch nicht veröffentlichte – Untersuchung über das kulturelle Engagement der Kirchen ist sicher nicht ganz unschuldig für den Ende September durchgeführten Studientag Kultur der Deutschen Bischofskonferenz. Die in erfreulicher Weise rasch und umfassend dokumentierten Unterlagen und Vorträge dieser Tagesveranstaltung aller deutschen Bischöfe dokumentieren einen fundierten Blick auf die unterschiedlichen Engagementfelder, mit denen sich die katholische Kirche entsprechend ihrer Sendung weit über den Binnenbereich hinaus in das gesellschaftliche Leben mit eigenen profilierten Angeboten einbringt. Die Unterlagen lassen Akzente für einen zukunftsgerichteten Blick auf das umfangreiche Leistungspaket Ehrenamtlicher und Hauptamtlicher in den verschiedensten Sparten erkennen.

In der sich nun anschließenden Debatte zur Beurteilung des Gesehenen ist der Erhalt der Deutungshoheit relevant. Es nutzt für das weitere Engagement wenig, wenn auf richtige Bestandsaufnahmen verwiesen werden kann. Das als bewährt Erkannte sollte sich in den Zukunftsoptionen auch entsprechend niederschlagen. Für das katholische Büchereiengagement bieten sich zur Formulierung von klaren Handlungsoptionen einige Orientierungspunkte an.

Die Erfahrungen in der Praxis, gestützt durch zahlreiche wissenschaftliche Untersuchungen, sensibilisieren für den Blick auf die Unterschiedlichkeit Einzelner. Medienangebote von Verlagen, Buchhandlungen oder Büchereien müssen sich an den Vorlieben und Interessen unterschiedlicher Menschen orientieren. Es gilt, auf erkennbare und versteckte Fragen der Menschen Antworten so zu formulieren, optisch zu gestalten und an unterschiedlichen Orten anzubieten, dass die Produkte angenommen werden wollen. Eine wichtige Voraussetzung dafür ist die Verortung von Medienangeboten an den Lebenszentren der Menschen. Dies kann für „just in time" Kommunizierende die Information per Internet, Handy oder BlackBerry sein. Für andere ist es das in Papierform zugestellte Prospektangebot von Medien, die stationäre Buchhandlung in Großstädten oder in der Nähe von Klöstern. Was in einer Zeit sinnstiftender Antwortsuche an kleinen Medienverkaufsorten in Pfarrgemeinden, ihren Kindergärten, an den Schriftenständen der Kirchen und in den rund 5.000 Katholischen öffentlichen Büchereien geschehen kann, ist neu auszuloten. Und dies muss getreu dem Motiv „Verstehst du auch, was die liest?" (Apg 8, 26-39) in besonderer Weise mit Blick auf Benachteiligte geschehen. Kirchliches Medienschaffen hat sich neben dem Informations- und Unterhaltungsaspekt besonders mit dem Bildungsangebot für diejenigen ausgezeichnet, denen Zugänge zu Medien – mangels Lesefähigkeit und finanzieller Mittel für den Medienzugang – verwehrt waren.

Bei all diesen Aufgaben gilt ein besonderes Augenmerk der Sorge für die Leistungsträger, die ehrenamtlich und hauptamtlich als personale Vermittler tätige Ansprechpartner für die Menschen. Sie haben sich aus uneigennützigen Gründen für die Arbeit mit einem profilierten Medienangebot entschieden. Sie tragen in einem vorpastoralen Raum, auch an den Schwellen und Rändern der Gemeinden Mitverantwortung für eine Ansprache der Menschen. Sie bieten sich mit einer auf der Ortsebene oft bekannten Identität als Gesprächspartner an. Diesen Personen gilt die konkrete Zuwendung durch klare Beauftragung und Dank, durch Aufwendungserstattungen, Aus- und Fortbildungsangeboten und geistlicher Begleitung. Grundlage für das kirchliche Engagement im kulturellen Raum ist die kontinuierliche inhaltliche Profilierung der Angebote. Gerade die jetzt vorliegenden Ergebnisse der Forschungsarbeiten zum Index verbotener Bücher zeigen Absichten und Ergebnisse der Versuche, Menschen mit Verboten zu helfen. Angezeigt sind heute begründete Urteile und Empfehlungen. Solche Grundlagen in Zeitungen, Zeitschriften, Büchereien, Buchhandlungen und im Internet gewährleisten, dass das kirchliche Handeln im kirchlichen Buchangebot als einem Teil des Kulturengagements mit einem glaubwürdigen Profil verbunden bleibt.

Schwere Kost für die praktische Büchereiarbeit – sicher. Aber es tut gut sich in der Tagesarbeit solcher grundsätzlicher Überlegungen und Entwicklungen zu vergewissern. Mit dem eigenen persönlichen Engagement und dieser theoretischen Unterfütterung können die kommenden Aufgaben angepackt werden. So können wir unsere Anstrengungen, die in den Beratungen der Bischofskonferenz viel Zuspruch erfahren haben, für die Zukunft gestärkt vorantreiben, mit Veränderungswillen und Gewissheit für die Menschen weiterentwickeln.

Zuerst erschienen in politik und kultur März – April 2007

Karsten Visarius

Seit Jahrzehnten im Dialog – Kino und Kirche

Anfang des Jahres gelang Andreas Dresen mit seinem Film „Sommer vorm Balkon" ein unerwarteter Erfolg. Die Geschichte zweier Berliner Freundinnen, eine Mischung von Melodram und Komödie, lockte im Startmonat Januar fast ein halbe Million Zuschauer in die Kinos. Dabei erspart sich der Film keineswegs, bedrängende Probleme zur Sprache zu bringen – Arbeitslosigkeit, Trunksucht, vaterlos aufwachsende Kinder, Alte am Rande der Verwahrlosung, sexuelle Abhängigkeit, Einsamkeit und Frustration. Dresen und seinem Drehbuchautor Wolfgang Kohlhase gelingt das Kinowunder, diese bitteren Stoffe in eine warmherzige, dem Mutterwitz und der Vitalität seiner beiden weiblichen Hauptfiguren vertrauende heiter-melancholische Alltagsstudie zu verwandeln. Die Verbindung von Engagement und ästhetischer Könnerschaft überzeugte auch die kirchliche Filmarbeit. In ökumenischer Einmütigkeit wurde „Sommer vorm Balkon" als „Film des Monats" der Evangelischen Filmjury und als „Kinotipp" der katholischen Filmkritik ausgezeichnet. Sie unterstützten damit eine künstlerische Leistung, die belegt, dass der Sinn für die Nöte und Sorgen der Menschen und filmische Attraktivität, Ethik und Ästhetik, sich nicht im Wege stehen müssen. Sondern, so das Credo der kirchlichen Filmorganisationen, dass erst beides zusammen Filme von Belang hervorbringt.

Neben Anlässen für öffentliche Aufregung wie Mel Gibsons „Passion Christi" oder jüngst Ron Howards „The Da Vinci Code – Sakrileg", die religiöse Themen auf die Leinwand und in die Schlagzeilen bringen, gerät gelegentlich in Vergessenheit, dass die Kirchen sich seit Jahrzehnten kontinuierlich und umfassend im Bereich von Kino und Film engagieren. Die Anfänge der kirchlichen Filmarbeit reichen bis in die Stummfilmzeit zurück. Seit 1947 besteht die katholische Filmzeitschrift „film-dienst". Auf der Arbeit der Redaktion beruht das „Lexikon des internationalen Films", das umfangreichste Nachschlagewerk zu Film und Kino im deutschsprachigen Raum. Aus dem nur wenige Monate jüngeren evangelischen „Filmbeobachter" wurde 1984, nach der Zusammenlegung mit dem Fachorgan „epd Kirche und Film", die Zeitschrift „epd Film". Beide Publikationen bilden, neben den Feuilletons einiger überregionalen Tageszeitungen, das wichtigste Forum einer anspruchsvollen Filmkritik in Deutschland. Dabei folgen die Kirchen dem Konzept, den Dialog mit der Filmkultur zu suchen, sie kritisch zu reflektieren und bedeutsame Filme durch Auszeichnungen zu unterstützen. Ihr Maßstab heißt gesellschaftliche Verantwortung, die sie von der (Film-)Kultur einfordern und dem ihr Handeln selbst verpflichtet ist.

Das kirchliche Profil geht dabei nicht verloren. Den heilenden, therapeutischen, Solidarität, Mitmenschlichkeit und Verantwortlichkeit fördernden Kräften der Filmkultur gilt die besondere Aufmerksamkeit des kirchlichen Filmengagements. Auf der Berlinale 2006 zeichnete die Ökumenische Jury den Film „Esmas Geheimnis – Grbavica" der jungen bosnischen Regisseurin Jasmila Abanic aus. Esma verschweigt ihrer Tochter, dass sie aus einer der zahlreichen Vergewaltigungen im bosnisch-serbischen Krieg geboren wurde. Das ist ihr Geheimnis. Ganz unspektakulär bringt der Film eine tabuisierte Wahrheit zur Sprache. Es ist der Versuch, ein unbewältigtes Trauma zugänglich zu machen, durch das Drama der Bilder, durch eine exemplarische Kinoerzählung, durch die Erinnerungsleistung der Kunst. Die Entscheidung der Ökumenischen Filmjury wurde durch den „Goldenen Bären" für Jasmila Abanic bestätigt. Getragen werden die ökumenischen Festivaljurys in Berlin, Cannes und anderswo durch die katholische Weltorganisation für Kommunikation, SIGNIS, und die im Kern protestantische, aber auch für andere Konfessionen offene internationale kirchliche Filmorganisation INTERFILM. In diesen beiden kirchlichen Einrichtungen spiegelt sich der seit ihrer Entstehung nationale Grenzen überschreitende, globale Charakter der Filmkultur.

Solidarität im Zeichen der Globalisierung ist auch die Grundlage des Evangelischen Zentrums für entwicklungsbezogene Filmarbeit (EZEF) in Stuttgart. Diese in Deutschland einzigartige Einrichtung fördert die Produktion und Verbreitung von Filmen aus Asien, Afrika und Lateinamerika, ebenso wie Filme zum Thema des Nord-Süd-Verhältnisses. Wie die kirchliche Filmarbeit insgesamt vertraut das EZEF auf Dimensionen des Films jenseits der Massenunterhaltung: auf Bildung, Aufklärung, Information, auf die Kraft einer Kommunikation über die Grenzen der Kulturen hinweg. Das Filmangebot des EZEF richtet sich im wesentlichen an den nichtgewerblichen Bildungsbereich. Im Einzelfall verleiht EZEF aber auch Kinofilme, wie etwa „Lumumba" des in Haiti geborenen Raoul Peck über den ersten Präsidenten des unabhängigen Kongo und seine Ermordung.

Organisatorisch gebündelt und politisch repräsentiert wird das kirchliche Filmengagement auf katholischer Seite durch die Katholische Filmkommission und das Filmreferat im Sekretariat der Deutschen Bischofskonferenz, auf evangelischer Seite durch die Kulturbeauftragte des Rates der EKD und das Filmkulturelle Zentrum im Gemeinschaftswerk der evangelischen Publizistik (GEP). Bischofskonferenz und EKD entsenden auch kirchliche Vertreter in den Verwaltungsrat der Filmförderungsanstalt und in die Freiwillige Selbstkontrolle der Filmwirtschaft (FSK), welche die Kirchen seit ihrer Gründung mittragen. Für den Bildungsbereich haben die Kirchen in den Medienzentralen der Diözesen und Landeskirchen eine eigene Verleihstruktur geschaffen. Sie stellen Filme für Schule und Gemeindearbeit zur Verfügung. Sie stützen sich dabei auf das Angebot der beiden kirchlichen Vertriebsorganisationen, des Katholischen Filmwerks, das sich vor allem mit Kurzfilmen, und der evangelischen Matthias-Film, die sich mit Kinderfilmen profiliert hat. Das Spektrum der kirchlichen Filmaktivitäten wird schließlich durch die Produktionsfirma Eikon und die Tellux-Holding ergänzt, zu der unter anderem der Progress-Filmverleih und Provobis gehören. Letztere hat etwa Volker Schlöndorffs „Der neunte Tag" produziert, der auf den KZ-Erfahrungen des luxemburgischen Priesters Jean Bernard basiert. Die Kino-Hitlisten im Banne der Blockbuster werden der Breite der Filmkultur und ihren Tiefendimensionen nicht gerecht. Ihrer Erschließung und Einbettung in den kulturgeschichtlichen und kulturwissenschaftlichen Diskurs unter Einschluss der Theologie gelten die Seminare und Akademietagungen der kirchlichen Filmarbeit sowie ihre daraus entstandenen Publikationen: die „Arnoldshainer Filmgespräche", eine Veranstaltung der Evangelischen Akademie Arnoldshain und des Filmkulturellen Zentrums im GEP, und die vorwiegend an der Katholischen Akademie Schwerte, aber auch anderen Orten stattfindenden Fachtagungen der Internationalen Forschungsgruppe Film und Theologie. Film, so konnte man auf einem kirchlichen Filmempfang zur Berlinale hören, sei moderne Erfahrungsseelenkunde. Wenn die Kirchen sich in aller Breite mit dem Film auseinandersetzen, so werden sie dabei auch von einer Seelsorge jenseits von Gemeinde und Kirchenraum inspiriert – von einer Aufmerksamkeit für die Menschen, ihre Bedürfnisse, Hoffnungen und Ängste, wie sie in den Werken der Filmkunst Gestalt gewinnen.

Zuerst erschienen in politik und kultur September – Oktober 2006

Marius Schwemmer

Konkurrenzlos: Katholisches Kinder- und Jugendmusizieren – Für die 100.000 Mitglieder katholischer Kinder- und Jugendchöre zählt nicht Konkurrenz, sondern Teamgeist

Als Schriftleiter der Fachzeitschrift für Katholische Kirchenmusik Musica sacra ist man von Natur aus ein Jäger und Sammler. Täglich durchstreift man den Blätterwald auf der Suche nach geistiger Nahrung im kulturell-musikalischen Feld. Fündig wird man oft auf der *dritten Seite* mit *Panorama*-Einblicken *Aus Aller Welt*, wo sich die Schönen und Reichen scheinbar einen Überlebenskampf mit den Wald- und Wiesenwissenschaftlern liefern.

Ein Forscherteam einer solchen Hinterwäldler-Universität will festgestellt haben, dass bereits der *Homo neanderthalensis* über einen singfähigen Kehlkopf von „eher weiblichem und vermutlich sehr melodischem" Klang verfügte. Warum nicht? Sein Großvater war schließlich der *Homo heidelbergensis*: Dessen Lied „Ich hab′ mein Herz in Heidelberg verloren" wird bis heute gerne an Feuerstellen und höhlenähnlichen Unterständen gesungen. Im Labor nebenan entdeckte ein anderes Forscherteam, dass das Singen beim modernen *Homo sapiens* die Konzentration von Immunglobulin A und Kortisol erhöht und damit die Selbstheilungskräfte des Körpers stimuliert. Bei diesen Genen, der Debatte um die Gesundheitsreform und der heutigen (unan-) ständigen Verfügbarkeit von Musik bis hin zum (eigentlich) „stillen Örtchen" wundert das fortissimo angestimmte Klagelied der Musikpädagogen: das deutsche Volk verdumme (Pisa-Studie) und verstumme zunehmend. Es lasse nur noch singen und genieße v.a. aus Konserven: auf CD, im Radio und Fernsehen. Andererseits: So ganz scheint das öffentliche Singen noch nicht zur Verhaltensanomalie geworden zu sein, denn nach den Statistiken des Deutschen Sängerbundes steht es um das „organisierte Singen" gar nicht schlecht. Und Jahr für Jahr sogar ein bisschen besser.

Erstaunliche Zahlen

In den vorderen Chorreihen steht die Katholische Kirche. In der jüngsten Ausgabe des Musikforums (Heft 3/2006) hat Matthias Balzer die Situation der katholischen Kirchenmusik dargestellt. Derzeit können 424.707 Laienmusiker in 18.860 katholischen Chören/Musikgruppen ein Lied davon singen. Entgegen dem allgemeinen Decrescendo der Kirchenmitgliederzahlen gewannen sie damit deutlich an Stimmkraft. Allein die 3.150 katholischen Kinderchöre zählen insgesamt 63.706 Mitglieder – macht immerhin gut und gerne zwanzig volle Kehlen pro Chor. Dazu kommen 2.018 Jugendchöre mit nochmals 36.564 Mitgliedern, plus 11.076 Kirchenchöre und Choralscholen mit 300.150 Mitgliedern, die dem Begriff „Kirchenmusik" mit ihrem Atem ebenfalls täglich lebendigen Geist einhauchen, ergänzt von 2.616 Instrumentalgruppen mit 24.287 Mitgliedern. Geleitet werden sie von 17.140 ehren- und nebenamtlichen sowie von 1.567 hauptberuflichen Kirchenmusikern. Für Letztere gibt es zum momentanen Zeitpunkt 25 berufsqualifizierende Ausbildungsstätten mit 325 Studierenden: 18 in staatlicher, zwei in kommunaler, ebenso viele in evangelischer, drei (ab 2007 zwei) in katholischer Trägerschaft. Die katholischen Hochschulen sind mit ihren 116 Studierenden zu 96,7 % ausgelastet. Zudem gibt es in Deutschland drei katholische Chor-Internate: die Regensburger Domspatzen, die Dresdner Kapellknaben und die Limburger Domsingknaben. Organisiert sind diese Gruppen unter dem Dachverband der deutschen katholischen Kirchenmusik, dem *Allgemeinen Cäcilien-Verband* (ACV), mit 27 Diözesanverbänden.

Unter dem Dach der heiligen Cäcilia

1868 gegründet, bemüht er sich gerade heute in Zeiten großer innerkirchlicher Umstrukturierungen und Neuorientierungen, die Bedeutung und den Stellenwert von Musik im Gottesdienst und in der Gemeindearbeit bewusst zu machen, unter anderem durch kirchenmusikalische Fachtagungen, Publikationen wie die *Musica sacra* oder Anregungen zu kirchenmusikalischen Kompositionen und Forschungen. Er unterhält Kontakte zur evangelischen Kirche und gesellschaftlich renommierten Körperschaften wie dem *Deutschen Musikrat* und der *Arbeitsgemeinschaft Deutscher Chorverbände* (ADC) und fördert das Verständnis für Kirchenmusik in der Öffentlichkeit. Eine Arbeitsgemeinschaft des ACV bildet der Deutsche Chorverband *Pueri Cantores*, 1951 gegründet. Als Nationalverband zählt er zum gleichnamigen internationalen Chorverband, der sich über alle Kontinente erstreckt. Er umfasst ca. 300 katholische Knaben-, Mädchen-, Kinder-, Jugendchöre sowie Scholen mit mehr als 11.000 Vokalisten. Sein Credo ist klar: Er möchte die Chöre „in ihrer musikalischen, kulturellen, erzieherischen und religiösen Arbeit (...) unterstützen und (...) fördern, und die Gründung neuer Chöre und Scholen anregen."

Initiative .Singen mit Kindern.

Gemeinsam mit Pueri Cantores und der Arbeitsgemeinschaft der Ämter und Referate für Kirchenmusik (AGÄR) sowie der Konferenz der kirchenmusikalischen Ausbildungsstätten (KdL) hat der ACV vor drei Jahren die Initiative „Singen mit Kindern" ins Leben gerufen. Dabei geht es um eine inner- und außerkirchliche Bestandsaufnahme mit handfesten Ergebnissen für die kirchenmusikalische Ausbildung und die Fortbildung von Kirchenmusikerinnen und Kirchenmusikern – wenn möglich unter lokaler Vernetzung von Kirche, Schule, Musikschule und Kindergarten. Sollte sich die „Kinder- und Jugendchorleitung" als eigenes Ausbildungsfach für hauptamtliche Kirchenmusiker bewähren, werden sie später regional als Multiplikatoren wirken: z.B. zur Vorbereitung von Erzieherinnen und Erziehern im Singen mit Kindern. Das betont die Bedeutung des Singens mit Kindern, und es weist auch auf einen Paradigmenwechsel in der kirchlichen Kinder- und Jugendchorarbeit hin. Singen mit Kindern ist heute weit mehr als der Auftakt zum „richtigen" mehrstimmig-polyphonen Singen oder zum Instrumentalunterricht. Es sichert nicht nur den Nachwuchs und die Chorstrukturen, sondern fördert auch die soziale und katechetische Bildung unserer Kinder. Aus dem rein musikalischen Auftrag ist ein pastoraler geworden: Die Musik prägt Kinder und Jugendliche ganz entscheidend im Sinne der Glaubensbotschaft und des christlichen Menschenbildes.

Im gemeinsamen Singen wird oft ein erster Zugang zu dem großen musikalischen Erbe unserer Kultur vermittelt: Von den Gregorianischen Chorälen bis zu Gospel, von Monteverdi über Mozart bis Poulenc, Pärt und anderen Meistern der Gegenwart. Die katholische Kirchenmusik offeriert offenen Kinderohren einen Reichtum, zu dem selbst kirchenkritische Komponisten wie Mozart und Schubert mit ihren besten Werken beitrugen. Diese eröffnen durch Klänge und Rhythmen einen Zugang zur christlichen Botschaft und zu den letzten Fragen menschlichen Lebens.

Pädagogische Impulse

Die Kirche nimmt ihren Verkündigungsauftrag beim Wort, und zwar nach Noten. Als Teil der Gesellschaft fördert sie deren christliche Werte und engagiert sich im Rahmen der Möglichkeiten für die Musik, in der das Wort Gottes seine göttliche Stimme findet. Was es dazu braucht, ist ein musikpädagogischer und pastoraler Impuls für die Zukunft von Kirche und Gesellschaft. Wir sind überzeugt: Verständlich vermittelt, und künstlerisch gebührend dargeboten, trägt das kirchliche Kinder- und Jugendmusizieren zum Erhalt und zur Stärkung unserer Kirchenmusikstrukturen bei. Darüber hinaus aber erzieht es auch zu einer Kirchenmusik, die „notwendiger und integrierender Bestandteil der feierlichen Liturgie" (SC 112) ist. Eine auf das gesprochene Wort reduzierte Gemeindeliturgie wäre nicht nur

„stimmungsmäßig eine Verarmung", sondern „Verkündigung und Lobpreis" würde „um eine ganze Dimension menschlicher Ausdrucksfähigkeit verkürzt" (Würzburger Synode 1975). Die Kirche pflegt den Gesang auch nicht nur zur Verankerung der Texte. Darüber hinaus versteht sie nach einem Wort Augustins die Kirchenmusik auf Grund ihrer Struktur und Ordnung als „hörbares Abbild des unhörbaren göttlichen Urbildes." Nicht zuletzt bildet die Kirchenmusik oft den einzigen Legatobogen zwischen Kirche und der wachsenden Zahl religiös weniger sozialisierter Menschen.

Ein Beitrag zur gesellschaftlichen Integration

Das kirchliche Kinder- und Jugendmusizieren putzt die Ohren und fördert so auf deutlich hörbare Weise die alltägliche Singkultur. Aus dieser Alltagskultur des Singens wächst das Bedürfnis zum zweckfreien Musizieren, wie es in jedem Menschen angelegt ist. Das Erlebnis, seine eigene Stimme in Harmonie mit anderen Stimmen zu hören, vermittelt einzigartig ein Gefühl von „Gemeinschaft". Musikpsychologen sind sich einig, dass Kinder, die das Singen als unmittelbaren Ausdruck ihrer Gefühle verstehen, sich lernfähiger und vor allem auch friedfertiger zeigen.

Während bei manchen öffentlichen Schulen die musikpädagogischen Strukturen sogar zerfallen, ergänzen die kirchlichen Kinder- und Jugendchöre außerschulisch das dreigliedrige deutsche Schulsystem, das stark durch fachbezogene Leistungsdifferenzierung gekennzeichnet ist. Außerhalb der Schule hingegen üben sich die jungen Sängerinnen und Sänger ganz selbstverständlich in der Tugend der Integration: über Klassen, Schultypen, Generationen und Milieus hinweg. Sind die Schüler stets der Leistungsbewertung ausgesetzt, finden sie als Sänger die Bestärkung ihrer individuellen Stärken. Sie lernen, sich am gemeinsamen Tun schlicht und ergreifend zu freuen.

Damit ist die Kinder- und Jugendchorarbeit im Gesamt der kirchlichen Kulturdiakonie mehr als „nur" eine tragende Tonsäule der außerschulischen Musikerziehung: Sie trägt dazu bei, dass sich das kulturelle Erbe in Europa erhält und stetig weiter entwickelt.

Noch ist unklar, wie weit sich die zunehmend anklingende Ganztagsschule auf diese außerschulische Kultursymphonie auswirkt. Sie könnte allein aus organisatorischen Gegebenheiten „ausgedünnt" werden. Selbst wenn Kirchenmusiker den Musikunterricht und die Chorarbeit an den Schulen übernehmen, wird damit die Aufgabe noch kaum gelöst. Allein ein Weiterleben der außerschulischen Musikerziehung und das integrierende und zweckfreie Musizieren gewährleisten die Arterhaltung und Vermehrung des *Homo cantans*.

Zuerst erschienen in politik und kultur September – Oktober 2006

Jochen Arnold

Spiel- und Bildungsräume von Bach bis Bossanova – Zur kulturellen und spirituellen Ausstrahlung evangelischer Kirchenmusik am Beispiel des Michaelisklosters Hildesheim

Kirchenmusik als Ausdruck protestantischer Identität

Es ist gute evangelische Tradition, dass zwei kulturelle und geistliche Ausdrucksformen des Protestantismus, der Gottesdienst und die Musik, an einer Stelle gepflegt und weiterentwickelt werden. Deshalb hat die Hannoversche Landeskirche trotz zurückgehender Ressourcen im August 2004 mit dem Michaeliskloster Hildesheim eine neue Form des Bildungszentrums ins Leben gerufen, das sich die Förderung und Erneuerung von Gottesdienst und Kirchenmusik zur Aufgabe gemacht hat. Die Programmatik des Michaelisklosters entspricht dem inneren Zusammenhang von Gottesdienst und Musik, will aber über etablierte Formen hinausweisen. Es widerspricht deshalb auch einem weit verbreiteten Vorurteil: der unterstellten ästhetischen Armut der protestantischen Tradition. Das besondere Profil der evangelischen Kirche, die sich traditionell als „Kirche des Wortes" versteht, liegt eben nicht nur in Predigt, Seelsorge und Diakonie, sondern ebenso im Ritual der Liturgie und – ganz entscheidend – in den verschiedensten kulturellen Ausdrucksformen von Musik von Gregorianik bis Gospel, von Bach bis Bassanova und Renaissance bis Rap.

Das hat historische Gründe. Seit der Reformation gehören *„Singen und Sagen"* zusammen. Deshalb hat besonders die Musik die lutherische Kirche geprägt, und auch unsere Kirche in Niedersachsen hat große Musik hervorgebracht. Was wäre das aktuelle Konzertleben ohne die großen Oratorien von Bach und Händel oder das Deutsche Requiem von Brahms? Was wäre es aber auch ohne Hunderte von kirchlichen Chören und Ensembles, in denen diese Tradition weiterlebt und kompetent weitergegeben wird?

Kirchenmusik trägt fundamental zur Kulturwirksamkeit und zur kulturellen Prägekraft der Kirche bei. Luthers Choral „Ein feste Burg ist unser Gott" wurde ebenso zum Markenzeichen des Protestantismus wie Paul Gerhardts „Geh aus mein Herz" oder Bachs Matthäuspassion. Konfessionelle Identität und kulturelle Ausstrahlung sind daher in der Kirchenmusik stets beieinander. Diesen äußerst vitalen Schatz wollen wir immer wieder neu heben und nach innovativen Möglichkeiten der Aufführung und Inszenierung z.B. der 200 geistlichen Kantaten Bachs fragen. Wir verschließen uns aber auch nicht vor den aktuellen musikalischen Entwicklungen in Popmusik und Avantgarde, sondern fördern die neuen stilistischen Formen in der Aus- und Fortbildung ebenso wie in der Darbietung. Das Michaeliskloster versteht sich, wie ähnliche Institutionen in anderen Landeskirchen, als ein Integratives Bildungs- und Fortbildungszentrum, das sowohl Pfarrern wie Kirchenmusikern, aber besonders auch den Ehrenamtlichen, Möglichkeiten eröffnet, sich persönlich weiterzuentwickeln und neue Methoden und Formen gottesdienstlicher und musikalischer Arbeit kennenzulernen und einzuüben. Neben liturgischen Werkstätten, Liederseminaren und theologischen wie musikwissenschaftlichen Kursen steht zielgenaue Formbildung im Mittelpunkt: von der Stimmbildung über Orgelkurse und Dirigierkursen bis zur Einführung in historische Aufführungspraxis, von der Arbeit mit Kinderchören oder Jazz-Rock-Pop-Ensemblem bis zur Einübung gestischer oder tänzerischer Ausdrucksformen hat alles seinen Platz. Dazu kommen Kompositionswerkstätten, Symposien wie das „Forum Popularmusik in der Kirche" und Fortbildungsangebote für Bands. Auch den besonderen regionalen Herausforderungen wird im Programm entsprochen. So rückt etwa das Thema „Musik und Kultur im ländlichen Raum" immer mehr ins Zentrum.

Kirchenmusik als Kulturträger: Beispiele aus Hannovers Landeskirche

Einige Beispiele sollen die kulturelle Ausstrahlung der Kirchenmusik in ihrer ganzen Breite illustrieren: Wir haben in Norddeutschland eine Orgellandschaft von weltweit – der Superlativ ist hier angemessen – einzigartigem Niveau. Es ist faszinierend, wie sehr sich Gemeinden und Dörfer oder Städte für „ihre" Orgel engagieren. Fast in jedem Gottesdienst und bei vielen Konzerten erklingen diese erstklassigen Instrumente, deren Pflege sich die Kirche und die Menschen vor Ort etwas kosten lässt.

Die evangelische Kirche ist eine „singende Kirche". 24.000 Sängerinnen und Sänger engagieren sich allein in der Hannoverschen Landeskirche in ca. 700 Chören. Neben den *Kantoreien und Kirchenchören* wachsen noch immer die *Gospelchöre* – wir beobachten hier einen ausgesprochenen Boom. Im Gegensatz zum Fußball, wo es im Stadion immer stiller wird, wenn die Mannschaft am Verlieren ist (they only sing, when they are winning!) gilt hier die Devise: Wer singt, gewinnt oder: „We only win, when we are singing."

Besonders wichtig ist das für über 5 000 *Kinder und Jugendliche*, die sich in kirchlichen Chören und Musikgruppen treffen. Häufig bekommen Kinder hier erste Impulse für eine musikalische Ausbildung, wenn es gelingt, dass Freude am Singen und Musizieren geweckt werden kann. Kirchenmusik leistet dadurch nachhaltige Bildungsarbeit. Empirische Studien haben gezeigt, dass bei Kindern, die musikalisch gefördert werden, die Integration von rechter und linker Gehirnhälfte besser gelingt. Sie sind daher im sprachlichen und emotionalen Bereich oft anderen Kindern voraus.

Ungefähr 14.000 Bläserinnen und Bläser treffen sich in knapp *800 Posaunenchören*. Der Hannoversche Kirchentag 2005 hat wieder gezeigt, dass die 20 000 Bläser den Klang und das Erscheinungsbild der Kirche ganz besonders prägen. Hier versammelt sich generationenübergreifend ein erstaunliches Altersspektrum (ca. 8-88), das inzwischen auch keine Berührungsängste mit aktuellen Musikstilen mehr hat.

Last but not least gehören auch *Bands* längst zum selbstverständlichen Ton unserer Kirche. Pop- und Rockmusik ist nicht nur für viele Menschen der vertraute(re) Musikstil, Jugendliche finden hier auch eine sinnvolle Freizeitgestaltung und entdecken ihnen eigene Ausdrucksmöglichkeiten. Es ist deshalb vor allem der Impuls des „Selbermachenwollens", der im Michaeliskloster, vor allem durch die Schulung Ehrenamtlicher, gefördert werden soll.

Kirchenmusik als spirituelles Scharnier kirchlicher Arbeitsfelder und gesellschaftlicher Milieus

Kirchenmusik als elementarer Bestandteil des Gottesdienstes. Das betrifft ihre Form wie ihre Inhalte. Kirchenmusik hat daher eine integrative, gemeinschaftsfördernde, ja sogar therapeutische Kraft. Sie kann verzagte Menschen trösten und aufrichten, sie ist also eminent diakonisch. Choräle und Kantaten, aber auch schlichte Kanons haben zudem eine hohe spirituelle Qualität. Zurecht schrieb schon der Kirchenvater Augustin: Wer singt, betet doppelt. Menschen finden über ihre musikalische Praxis Halt und Orientierung.

Durch Kirchenmusik werden Menschen unterschiedlichster Altergruppen und Milieus erreicht. Das gilt für diejenigen, die klassische Hochkultur schätzen und Oratorien oder Orgelkonzerte besuchen bzw. in „klassischen" Kantoreien mitsingen. Es gilt aber auch für jüngere Erwachsene, die besonders oft in Gospelchören aktiv sind und hier oft zum ersten Mal in ihrem Leben Musik machen. Manchmal werden sogar Milieugrenzen in einem Musikbereich überschritten. Besonders gilt das in der Bläserarbeit: Da sitzt der Unternehmer neben der Hausfrau, die Richterin neben dem Landwirt. Die Bläserarbeit erlebt nach wie vor eine besondere Erfolgsgeschichte.

Was folgt daraus? Der ausdifferenzierten modernen Gesellschaft mit einer Vielzahl von Milieus und in ihnen bevorzugten Musikstilen von Volksmusik bis Hard Rock und Oper bis Hiphop wird auch heutige Kirchenmusik Rechnung tragen müssen, indem einerseits die „klassische" Hochkultur gepflegt und in zeitgemäßer Bildungsarbeit vermittelt wird – von der Gregorianik über Schütz, Bach und die Romantik bis zur Moderne. Andererseits sind Sprach- und Ausdrucksformen der aktuellen (Pop)kultur zu vermitteln und weiterzuentwickeln – und zwar in der ganzen Breite bis hin zur Avantgarde.

Zuerst erschienen in politik und kultur September – Oktober 2006

Kirche und Kunst

„...den Engeln sehr nahe“
Christoph Strack interviewt Markus Lüpertz über Kunst, Kirche und kulturelle Bildung

Markus Lüpertz gilt als einer der ganz wichtigen deutschen Gegenwartskünstler. Der Maler und Bildhauer erläutert im Interview sein Diktum „Der Künstler hat dem lieben Gott geholfen, die Welt zu schaffen“. Der 65-Jährige Rektor der Kunstakademie Düsseldorf berichtet über die Verantwortung der Kirche für kulturelle Vermittlung und beklagt massive Verblödung im Bildungsbereich.

politik & kultur: Herr Lüpertz, als sehr junger Künstler sind Sie Ende der 50er Jahre für eine Zeit im Benediktinerkloster Maria Laach gewesen. Warum?
Lüpertz: Einer der Glasmaler unserer Krefelder Werkkunstschule machte dort immer Exerzitien. Das hat mir sehr gut gefallen, so bin ich dann eine Weile da geblieben.
puk:...und haben religiöse Motive gemalt?
Lüpertz: Nicht direkt. Erst mal habe ich mich einfach damit auseinandergesetzt und einige Bilder konzipiert. Aber meine große Serie „Kreuzigungsbilder“ habe ich danach gemalt. Auch wenn meine Arbeiten im Kloster umstritten waren, so habe ich dort nur hervorragende Leute kennengelernt und gute Freunde gewonnen.
puk: Seit diesen frühen Kreuzigungsbildern taucht Religion als Motiv immer wieder in Ihrem Werk auf. Mal eine Kreuzigung, mal die Wundmale Jesu, mal ein „Ecce homo“, mal ein Kirchenfenster für St. Andreas in Köln. Warum?
Lüpertz: Ich bin Katholik. Und meine Liebe zur katholischen Kirche beruht auf ihren großen künstlerischen Leistungen – im Bilden, im Bildhauen, im Bauen. Die Kirche steht für ein unvergleichliches Zeugnis bildender Kunst. Die christliche Religion steht für die großen menschlichen Themen, die dann zeitig und heutig interpretiert werden. Schon in der Bibel findet man letztlich jede Auseinandersetzung, jeden Krieg, jede Liebe, jeden Ehebruch, auch jede Erlösung. Die urmenschlichen Dramen und Beziehungen, aber auch das Glück sind dann stets gleich. So ist die Bibel ein roter Faden durch das Menschliche.
puk: Kann man jedes Kunstwerk religiös lesen, existenziell entschlüsseln?
Lüpertz: Das ist eine Frage, wo man steht. Der religiöse Mensch wird das immer tun. Der nichtreligiöse Mensch hat seinen eigenen Zugang. Der wird ein Werk über das Geheimnis, über das Mysterium, über das Grauen, über die Begeisterung begreifen. Und das ist auch schon wieder ein Schritt zu Gott. Wichtig ist, dass man Religion richtig lebt.
puk: Inwiefern?
Lüpertz: Es geht beim Thema Religion um die Fähigkeit der Empfindung. Nicht um Wahrheit oder um Rechthaben. Es geht um die Fähigkeit, empfinden und glauben zu können, dass Sie also ein Wort für bare Münze nehmen. Darum geht es. Religion ist die Befähigung zu glauben. Die Fähigkeit zu glauben macht einen zu einem besseren, sensibleren, einem angenehmeren Zeitgenossen.
puk: Was passiert, wenn der Gesellschaft Religion verloren geht?
Lüpertz: Da geht's nicht einfach darum, dass die Leute Gott verlieren. Dahinter steht etwas viel Weitergehendes: Die Fähigkeit, zu glauben, ist existenziell wichtig, um miteinander auszukommen. Daran hängt die Fähigkeit, zu denken, zu empfinden, zu lieben, zu vertrauen. Nehmen Sie das fürchterliche Wort von Lenin „Vertrauen ist gut, Kontrolle ist besser“. Das war das Ende. Das ist einer der fürchterlichsten Sätze, die je gesagt wurden. Damit wird gesagt: Es wird nicht mehr geglaubt. Religiosität hat dagegen mit Glaube, Liebe, Hoffnung zu tun. Religion ist Hoffnung.
puk: Welche Rolle hat dann der Künstler? Ist er Prophet? Prediger?
Lüpertz: Selbstverständlich ist man Prophet, Prediger, aber auch ein Krieger seiner Angelegenheiten. Der Künstler hat schließlich einen großen Auftrag. Sie müssen sich Folgendes vor Augen führen: Die Welt wird gesehen, sie wird erinnert über die Kunst. Alles, was wir von der Vergangenheit wissen, wissen wir über die Künstler.

puk: Der Künstler als Schöpfer?
Lüpertz: Ich habe einmal formuliert: Der Künstler hat dem lieben Gott geholfen, die Welt zu schaffen. Das ist die eine Aufgabe des Künstlers. Seine andere Aufgabe ist es, die Schönheit der Welt, das Aufregende der Welt dem Menschen zu erklären. Wir würden heute keinen Sonnenuntergang betrachten, wenn er nicht tausend Mal gemalt worden wäre. Dieses Begreifen bis hin zum Abstrakten erleben wir über den Künstler. Er erzählt alles dem Menschen. Deswegen ist der Künstler in einer ganz bestimmten Rolle. Er ist Gesellschaft, aber er ist für die Gesellschaft verantwortlich, dafür, was sie sieht, was sie empfindet, was sie tut. Eine große Aufgabe.
puk: Dann ist der Künstler ein Gehilfe Gottes?
Lüpertz: Selbstverständlich. Wir sind den Engeln sehr nahe.
puk: Religion wird über Instanzen vermittelt, bei uns in Mitteleuropa über die Kirchen. Wie wichtig sind diese für den Kulturbereich?
Lüpertz: Die Kirche hat kulturell einen großen Auftrag. Sie muss Qualitäten schulen und selber qualitätvoll sein. Wenn sich die Kirche als Auftraggeber darstellt, muss sie höchste Qualität beanspruchen. Das ist dann tatsächlich Glaub-Würdigkeit. Es geht um den eigenen Anspruch. Ich möchte Ihnen ein Beispiel nennen: Pater Friedhelm Mennekes in Köln vollbringt in seiner Kunststation St. Peter eine großartige Leistung. Weil er wirklich das Moderne, das Ungewöhnliche in die Kirchenräume bringt und davor Messen hält. Da gelingt Vermittlung von Wissen und vielleicht auch von Gottnähe.
puk: Sind Sie zufrieden damit, wie Kirche sich darum bemüht?
Lüpertz: Es gibt auch Kirchen in einem kulturell verheerenden Zustand, mit Kunststoffvasen, dürftig arrangierter Blumendeko und irgendeinem schlecht gemalten Dritte-Welt-Plakat. Das ist dann erschreckend. Die Verantwortlichen stehen in Räumen von allergrößter Schönheit und stellen dort Sachen rein oder hängen Fotos an die Wände, die jegliche Ästhetik zerstören. Die Kirchenräume brauchen Sorgfalt. Und man muss auch Geld in die Schönheit einer Kirche stecken. Gerade die katholische Kirche lebt von ihrer Himmelsnähe. Und diese Nähe müssen wir schaffen über die Kunstwerke, über die Qualität der Kunstwerke. Es geht schließlich um die Sichtbarmachung des Frommen oder die Sichtbarmachung Gottes.
puk: Sollte Kirche die Gotteshäuser stärker öffnen für zeitgenössische Kunst?
Lüpertz: Das ist kein Prinzip, das ist Voraussetzung. Zeitgenössisch heißt nicht, dass man auf Trends springt. Sondern, dass man die ganz eigenen Qualitäten und Vorstellungen entdeckt und realisieren lässt. Ein Beispiel: Wenn alle Künstler plötzlich mit Autoreifen arbeiteten, ist es doch müßig und dummes Zeug, die Kirche mit Autoreifen auszugestalten. Es geht doch darum, dass die Kirche einen Anspruch stellt. Und dieser Anspruch muss kulturell vom Höchsten, vom Edelsten sein. Daran müssen die Kirchen arbeiten.
puk: Wie kann das aussehen?
Lüpertz: Es geht jedenfalls nicht darum, einfach nur irgendeinen Künstler zu nehmen, der irgendeine Arbeit in der Kirche macht. Es geht um den eigenen Anspruch. Und diese Zielvorstellung darf nicht im Kleinen, im Kleingeistigen, im Kleinbürgerlichen bleiben. Sie muss wirklich im Intellektuellen, im Gebildeten, im Wissen zu Hause sein. Das ist das Entscheidende. Ich habe einer kleinen Kirche in Rheydt einen Totentanz-Fries geschenkt. 40 Meter mal zwei Meter, das ist der reine Totentanz. Und das ist eine ganz einfache Pfarrgemeinde, eine Arbeitergemeinde. Die sind begeistert. Dort in der Gemeinde ist ein Pfarrer, der einen Anspruch formuliert und diesen dann glaubwürdig seiner Gemeinde vermittelt hat.
puk: Herr Lüpertz, ich möchte noch einmal auf Ihren Aufenthalt in Maria Laach zurückkommen. Wer heute vergleichsweise so alt ist, wächst in einem ganz anderen Kontext auf. Welche Folgen hat das, wenn kulturelle und religiöse Bildung dabei verdunsten?
Lüpertz: Wir haben eine ganz massive Verblödung. Das ist klar festzustellen. Ich merke das an den Schülern, die die Kunstakademie betreten. Die Schüler wissen nichts. Sie wissen vielleicht, wie man den Computer bedient oder wie man Auto fährt. Aber sie wissen kein Gedicht, sie wissen kein Buch, kein Geheimnis, keine Mysterien, keine Metamorphosen. Sie schreiben mit 15, 16, 17 Jahren keine Theaterstücke, keine Liebesgedichte. Sie sind erstaunlich arm. Darin sehe ich das größte Problem. Meiner

Meinung nach sind alle im Nachhinein konstruierten Kulturprogramme völlig überflüssig. Man sollte alles Geld von vornherein in die Ausbildung stecken.
puk: Die meisten der Schüler haben doch Kunstunterricht genossen...
Lüpertz: Ja, aber bei der Ausbildung der Kunsterzieher hat leider das Didaktische gewonnen. Das Sinnliche kommt zu kurz. So wird schlimmster Schindluder getrieben. Es geht nur noch um Bewusstseinsbewältigung. Mit der reinen Freude am Malen, am Zeichnen hat das nichts mehr zu tun. Intellektuell ist das alles in einem Zustand, der dem Analphabetismus nicht unähnlich ist. Da zeigt sich eine verheerende Gleichgültigkeit der Kunst gegenüber. Kunst wird an den Schulen nur noch, weil es Pflicht ist, nebenbei betrieben. Denn sie ist nicht effektiv, wie man dann so schön sagt. Diese sinnlosen, heiteren, fröhlichen, für mich aber sehr wichtigen Dinge kommen zu kurz. Wann hat denn der Mensch, wenn er später im Berufsleben ist, noch Zeit für so hinreißenden Unsinn wie Kunst, Literatur, Musik?
puk: Was bedeutet das für die Vermittlung?
Lüpertz: Man fängt heute mit dem Schüler eben nicht mehr bei einem Mittelwissen an, sondern fängt bei Null an. Das verlangt eine größere Konzentration, es verlangt größeren Fleiß, größeren Preis des Professors. Aber wenn sich das dann bei begabten Leuten vollendet, ist es doch immer wieder ein Genuss. Die Sache ist nicht hoffnungslos, sie ist nur mühseliger geworden.

Zuerst erschienen in politik und kultur September – Oktober 2006

„Aus Trümmern etwas Neues" Christoph Strack interviewt den Dirigenten Ingo Metzmacher über die Musik der Moderne

Ingo Metzmacher, Chefdirigent an der Nederlandse Opera in Amsterdam, hat als Dirigent Neuer Musik einen weltweiten Ruf. Im Interview erzählt der 48-jährige Vater von vier Kindern vom Musikunterricht, wirbt für die Werke der Moderne und entdeckt Parallelen zwischen klassischen Musikern und den Kirchen. Bis 2005 war Metzmacher Generalmusikdirektor der Hamburgischen Staatsoper, ab der Saison 2007/2008 ist er Chefdirigent beim Deutschen Symphonie-Orchester Berlin.

politik & kultur: Herr Metzmacher, wie erinnern Sie Ihren eigenen Musikunterricht?
Metzmacher: Da hab ich keine besondere Erinnerung. Weil ich das meiste schon wusste, wurde es für mich schnell langweilig. Aber wir hatten einen sehr engagierten Musiklehrer.
puk: Und heute? Wie ist der Musikunterricht bei Ihren Kindern?
Metzmacher: Der findet nur am Rande statt. Ich glaube nicht, dass dieser Unterricht den jungen Menschen Lust auf Musik macht. Jedenfalls nicht darauf, die Musik zu hören, die da unterrichtet wird.
puk: Immerhin haben ihre Kinder noch Musikunterricht. Oft fällt er ja einfach aus. Auch bei PISA sind so genannte harte Fächer wichtiger.
Metzmacher: Wie Musik und Kunst da vernachlässigt werden, das ist traurig. Es geht nur um Messbarkeit und Leistungsfähigkeit, damit Menschen im System funktionieren. Weil es nicht messbar ist, was das Kennenlernen von Musik, Kunst, Literatur, Malerei und Religion für den Menschen bedeutet, wird es kaum berücksichtigt. Aber das ist ein schwerer Fehler. Denn letztlich sind wir alle ein Nichts ohne die Kultur. Und ohne Religion schon gar nicht, mit der die Kultur in so vielfältiger Hinsicht zu tun hat. Ich habe das ungute Gefühl, dass das Verständnis für die Bedeutung dieser kulturellen Identität und Prägung schwindet. Fast habe ich Angst davor, dass das ganz zügig gehen wird, wenn meine Generation erst einmal an die Macht kommt.
puk: Ihr Schwerpunkt liegt auf der Musik des 20. Jahrhunderts und zeitgenössischer Werke. Was reizt Sie daran so?
Metzmacher: Wie alle anderen Künste des 20. Jahrhunderts hat die Musik auf ein verändertes Weltbild und vielfältige Erschütterungen reagiert. Zunächst gab es eine Welt, die perfekt zu passen schien – das war sozusagen das tonale System mit Dur und Moll. Es schien in sich so logisch und hat fantastische Musik hervorgebracht. Aber man sah nicht, dass die Wirklichkeit dessen, was die Natur uns im Zusammenhang mit Musik gibt, vielfältiger ist. Allmählich haben mutige Komponisten dieses vorgegebene System dann hinterfragt. Somit besteht die Musik des 20. Jahrhunderts aus dem äußerst faszinierenden und vielfältigen Versuch, aus Trümmern etwas Neues zu bauen. Arnold Schönberg ist dafür nur ein Beispiel. Und ich habe von Anfang an gespürt, dass in dieser Moderne mehr Wahrheit und ein klarerer Bezug zur Wahrnehmung der Welt besteht als in der Musik, die noch im scheinbar so harmonischen System geschrieben wurde.
puk: Ist die Musik ehrlicher geworden?
Metzmacher: Ich glaube schon. Sie unterscheiden besser zwischen dem, was ist, und dem, was man sich wünscht.
puk: Ist die Musik auch politischer geworden? Heute erregt jemand wie Stockhausen immer wieder Aufsehen mit entsprechenden Äußerungen.
Metzmacher: Nein. Schon Beethoven war ein sehr politischer Komponist. Er hat sich eingemischt und Unrecht angeklagt. Aber „politisch" – das klingt nach konkreter Bezugnahme auf das tagespolitische Geschehen. Das braucht Musik nicht. Sie beschäftigt sich ja mit anderen Fragen. Wohlgemerkt: Künstler sollen nicht im Elfenbeinturm sitzen und die Augen verschließen. Aber wenn sie sich äußern, müssen es schon große Themen sein. Nehmen Sie Luigi Nono oder Hans Werner Henze. Da finden Sie sehr klare Stellungnahmen.

puk: Wäre ein solches großes Thema die Globalisierung? Alle hören weltweit die gleiche Musik, haben die gleichen Klingeltöne auf dem Handy...

Metzmacher: Ja, da macht mir vieles Sorgen. Alle sehen das gleiche, alle hören das gleiche. Selbst im asiatischen Raum wollen sie nur noch unsere Musik hören, obwohl sie so große eigene Traditionen haben. Marketingexperten exportieren und verkaufen unsere Kultur wie ein technisches Produkt. Aber Kultur lebt von Vielfalt. Das ist wie in der Landwirtschaft: Bei Monokultur wird auf Dauer der Boden unfruchtbar. Die Leute, die sich nur mit der Verkaufbarkeit einer Idee beschäftigen, werden immer wichtiger, und die eigentliche Idee verkommt zum Spielball. Das gilt leider auch für die Politik.

puk: Welche Botschaft kann Musik dem entgegensetzen?

Metzmacher: Nehmen Sie Nono. Er hat in den 80er Jahren angefangen, ganz stille Musik zu schreiben. Prompt wurde ihm vorgeworfen, er hätte sein politisches Engagement verraten und wäre in die Esoterik abgewandert. Dabei hat er nur weise vorausschauend gehandelt. Heute wird alles immer lauter und schneller. Immer früher wissen wir, was auf der anderen Seite der Welt passiert, unser Leben wird Teil eines riesigen Ameisenhaufens. Dagegen zwingt Nonos Musik zur Stille, zur Sammlung und zu eigenständigem Denken. Das ist wegweisend, es hat übrigens absolut etwas mit Religion zu tun. Musiker, Künstler, Kulturschaffende sollten in diesem Sinne die Stimme erheben und das nicht irgendwelchen Sekten und Esoterikern überlassen.

puk: Vor der Herausforderung stehen auch die Kirchen.

Metzmacher: Die klassische Musik hat, bis in die Moderne, etwas Wesentliches mit der Kirche gemein. Beide haben ein ähnliches Problem: Wir haben ein unglaubliches Erbe, das immer schwerer zu vermitteln sein wird. Das liegt nicht an der Botschaft, sondern an der Vermittlung. Sie wird auch immer schwerer – in einer Welt, die unterhalten und abgelenkt werden will, die ständig kommuniziert und verfügbar ist. In einer Kirche sind sie wie in einem Konzert auf sich selbst verwiesen und müssen sich ernsthaft auch mit sich selbst beschäftigen. Das widerspricht allem, was wir sonst so tun.

puk: Aber die Suche nach Transzendenz ist noch da?

Metzmacher: Die Menschen haben ganz sicher ihre Sehnsucht nach Transzendenz nicht verloren. Aber wird diese Frage gestellt? Oder wird sie zugedeckt durch Hyperaktivität oder perpetuierte Ablenkung der Informationsgesellschaft. Dann können die Menschen gar nicht mehr zur Ruhe kommen und spüren, dass sie noch Bedürfnisse hinter der Hektik und hinter aller Ablenkung haben.

puk: Und wie vermittelt man dann die Botschaft?

Metzmacher: Mutig. Aus Trümmern etwas Neues, sagte ich eben. Aber wir müssen die Reinheit der Kunst bewahren, dürfen den Kern der Botschaft nicht verraten. Musik darf also nicht zu verkäuflich und zu billig werden. Denn nur, wenn wir der Sache nahe bleiben und sie aufrichtig darstellen, können wir die Menschen erreichen in einem Sinne, dass die Botschaft wirklich etwas bewirkt. Alles andere ist Scheinveranstaltung und gesellschaftliches Ereignis.

puk: Reden Sie noch von der Musik oder der Religion?

Metzmacher: Eins ist wichtig: Alle große Musik ist aus existenziellem Bedürfnis heraus entstanden und wendet sich genau damit an die Menschen. Das ist ja nicht zur Unterhaltung geschehen, sondern aus einer inneren Not. Kirche und Musik, das wird doch da deutlich, haben vieles gemeinsam. Wenn Musik da ihren Beitrag leistet, ist das gut. Beide Seiten sollten eh' stärker den Dialog suchen als bisher.

Zuerst erschienen in politik und kultur September – Oktober 2006

In Kino veritas? Thomas Kroll interviewt Philip Gröning zu Spiritualität und Transzendenz im dunklen Andachtsraum

Mehr als 180.000 Menschen haben bislang .Die große Stille. (Deutschland 2005) im Kino erlebt, ungewöhnlich viele für einen Dokumentarfilm. Der 167minütige Film, zeigt das Leben in der „Grande Chartreuse", dem Ursprungskloster der Karthäusermönche nahe Grenoble. Ein Ort jenseits der Zeit, an dem die Mönche ihre Tage weitgehend in Schweigen verbringen. Diesem radikalen Lebensentwurf versucht Philip Gröning mit seinem ungewöhnlichen Film gerecht zu werden, bei dem er für Regie und Drehbuch, Kamera und Schnitt verantwortlich zeichnet.

puk: Was ist das Besondere an Ihrem Film „Die große Stille"?
Gröning: Der Film ist eine Meditation über ein Kloster und der Versuch, das Kino für eine Zeit lang zum Kloster werden zu lassen. Der Zuschauer und die Zuschauerin sollen beim Aufenthalt im Kinoraum in diese andere Welt, in den fremden Lebensraum hineingezogen werden. Dabei kann das Kino eine Tiefendimension eröffnen – eine Möglichkeit, die in Filmen normalerweise nicht so recht genutzt wird – und zu einer spirituellen Erfahrung verhelfen. Der Film ist nicht der Versuch, dem Kinopublikum eine Einsicht näher zu bringen in der Art: So sind Kartäuser. Es geht vielmehr darum, dass der Zuschauer aus dem Kino kommt und das Gefühl hat: Ich habe mich in einem Erfahrungsraum bewegt, der mir ungeheuer viel gegeben und mir ungeheuer viel Vertrauen vermittelt hat – und nun frage ich mich, warum. Der Film handelt schließlich auch davon, dass das Kloster im Grunde eine Art Kollektiverinnerung Europas ist, ein archaischer Heimatort – egal, wie fremd er uns mittlerweile geworden ist.
puk: Man kann demnach mit Hilfe von DIE GROSSE STILLE im Kino etwas erleben, wofür man sonst ins Kloster gehen müsste?
Gröning: Ja, das war, das ist meine Hoffnung. Und die Gespräche mit Zuschauerinnen und Zuschauern bestätigen, dass genau das passiert. Dafür ist das Kino prädestiniert. Wenn es gut genutzt wird, ist es ein ungeheuer tiefer Erfahrungsraum.
puk: Apropos Tiefe: Wie steht es um Transzendenz im Kino?
Gröning: Kunst, auch Filmkunst ohne Transzendenz ist sinnlos. Man sieht es immer wieder an Geschichten im Kino, die gut gemacht sind, aber ihre eigene Struktur nicht auf etwas Weitergehendes hin durchbrechen. Transzendenz zu ermöglichen, dazu ist das Kino auf jeden Fall und in einem hohen Maße geeignet – das Fernsehen sehr viel weniger.
puk: Inwieweit waren Transzendenz und Spiritualität Themen in Ihrem Studium? Sind sie im Laufe dessen auf diese Dimensionen des Films aufmerksam gemacht worden?
Gröning: Nein, gar nicht. Das Filmstudium ist ja wie jedes andere Kunststudium in der Hauptsache Selbermachen und daneben Begegnung mit Menschen. Die genannten Themen haben bei mir vor dem Studium eine Rolle gespielt, weil ich damals sehr stark beeinflusst war von den frühen Filmen von Andrej Tarkowskij und Andrej Wajda, vor allem von ANDREJ RUBLJOW, SPIEGEL und IVANS KINDHEIT sowie von ASCHE UND DIAMANT. Das sind ja definitiv Filme, die eine spirituelle Erfahrung auslösen und dies auch als vordergründiges, als offensichtliches Thema haben. Merkwürdigerweise hat in der Filmhochschule das Nachdenken über so manche theoretische Sachen gar nicht so viel Platz, weil man de facto damit beschäftigt ist, seine Filme herzustellen. Von daher sollte eine gute Filmhochschule den Studenten eine super solide technische Ausbildung geben und ansonsten versuchen, die einzelnen Studenten in ihrer Persönlichkeit zu fördern. Dabei kommt den Professoren die klassische Funktion eines Mentors zu. Sie sollen jemanden zu sich selbst bringen und ihm oder ihr den Mut geben, zu sich selbst zu kommen. Das ist eine äußerst wichtige Funktion, eine Art „spirituelle Sendung". Hier findet Spirituelles jedoch nicht auf einer Oberflächenebene statt. Denn als Filmstudent bekommst du ja eine Nervenkrise, wenn einer anfängt, mit dir über Spiritualität zu reden.
puk: Ändern wir die Blickrichtung: Wie schätzen sie die Phänomene Religion und Spiritualität in unserer Gesellschaft derzeit ein? Könnte man gar von „Religionisierung" sprechen?

Gröning: Ich bin mit meinem Film sehr viel herumgereist auf der Welt und war in ganz verschiedenen Ländern. Ich glaube, man muss im Moment davon sprechen, dass der Mangel an spirituellen Inhalten wahnsinnig stark gespürt wird, dass aber die Bereitschaft, sich einzulassen auf etwas, was eine wirkliche Religion wäre, also auf etwas, was nicht jederzeit anpassbar ist an das Bedürfnis der Woche, recht gering ist. Von einer „Religionisierung" unserer Gesellschaft würde ich überhaupt nicht sprechen wollen. Das mag jetzt ein bisschen komisch klingen: Es ist hierzulande ein Mangelzustand zu spüren, der ungeheuer umwerfend ist, verbunden mit einer Art Heilserwartung, aber ohne eine wirkliche Bereitschaft sich einzulassen auf das, was einem entgegenkommt. Im Moment, so mein Eindruck, ist alles sehr zersplittert. Ich glaube jedoch, es bereitet sich da etwas vor. Gewiss ist: Die materialistische und die rationalistische Welt hat sich auf ein bestimmtes Level hin desavouiert, das kaum noch zu überbieten ist. Dennoch bin ich zuversichtlich. Es ist zum Beispiel nicht mehr so, dass Abiturienten Zahnmedizin studieren wollen, um Porsche zu fahren. Der Porsche als Ziel – das interessiert die nicht mehr. Ein toller Fortschritt. Dennoch ist da im Moment – noch – ein riesiges Loch. Das aber ist die Voraussetzung, dass überhaupt etwas Neues entsteht. Ich bin davon überzeugt, dass der Mensch Transzendenz braucht, glaube aber, dass das Gespür dafür im Westen auf eine erschreckende Weise verloren gegangen ist.
puk: Wie erleben sie kirchliche Filmarbeit, wie war das im Umfeld der Präsentation von „Die große Stille"?
Gröning: Ich habe eine tolle Unterstützung erlebt durch die Abteilung Kirche und Gesellschaft der Deutschen Bischofskonferenz. Ich habe verschiedene Kardinäle kennen gelernt, nicht zuletzt weil mein Film bei einer Konferenz im Vatikan gezeigt wurde. Damit waren sehr schöne Begegnungen verbunden. Die Kirche hat sich sehr geöffnet für meinen Film, hat auch geholfen, dass viele Leute den Weg ins Kino finden. Und sie hat, was ich schön fand, den Film trotzdem nicht verengt im Sinne: Das ist jetzt ein katholischer Film. Denn mein Film hat ja eine große Offenheit. Einmal mehr hat sich gezeigt: Die Kirche ist eine starke Kulturinstitution, eine, die Kulturarbeit mit einer hohen Kompetenz macht – und dies, ohne sich dabei die Dinge manipulativ einzuverleiben.
puk: Zum Abschluss ein Ausblick: Worum geht's in ihrem nächsten Film?
Gröning: Aller Voraussicht nach geht es um Zwillinge, die Abitur machen und sich mit ihrer Abschlussarbeit im Fach Philosophie beschäftigen. Da stehen Fragen an, die spontan und immer wieder neu entstehen: Was hat es mit dem Bewusstsein auf sich? Wozu ist unsere Freiheit da? Was ist richtig, was falsch? Und wie in „Die große Stille" geht es um das Thema Zeit – vor allem darum, dass wir das Phänomen Zeit erkennen können, und um die Frage, was das für uns bedeutet.

Zuerst erschienen in politik und kultur Septembet – Oktober 2006

Gerhard Richter gestaltet ein Fenster für den Kölner Dom

Viola van Melis interviewt Dombaumeisterin Barbara Schock-Werner

***politik und kultur*:** Frau Dombaumeisterin, Gerhard Richter hat ein Fenster für den Kölner Dom gestaltet. Wie sind Sie auf die Idee gekommen?
Barbara Schock-Werner: Ich suche seit langem einen Künstler, dem ich die Lösung dieses gestalterischen Problems zutraue. Es ist schwierig, weil das Fenster mit 113 Quadratmetern sehr groß ist, weil es sich in die Farbigkeit der anderen Glasfenster einpassen muss, weil es weit oben liegt und weil es ein reines Südfenster ist. In der zeitgenössischen sakralen Glasmalerei fand ich dafür keinen Ansatz. Als ich dann 2002 Gerhard Richter traf, war mir plötzlich klar: Der müsste es können. Er hat schon figürlich gearbeitet, er hat mit Ornamenten und Strukturen gearbeitet und er hat ein feines Farbgefühl. Er ist ein international anerkannter Künstler. Außerdem wohnt Richter in Köln, er besucht regelmäßig den Dom, seine Kinder wurden im Dom getauft. Sie singen auch hier im Domchor. Er hat also eine Beziehung zu dieser Kirche.
puk: Warum war es nötig, ein neues Fenster einzusetzen?
Schock-Werner: Das ursprüngliche Fenster aus dem 19. Jahrhundert wurde im Zweiten Weltkrieg zerstört. Die Unterlagen darüber waren in Berlin verbrannt. Also hatten wir keine Grundlage für eine Rekonstruktion. Und die Nachkriegsverglasung war inzwischen labil und bröckelig. Außerdem war das bisherige Fenster fast weiß mit wenigen hellgrauen Ornamenten, so dass die Menschen, die gegenüber im Nordquerhaus saßen, geblendet wurden.
puk: Wie sieht das Fenster aus?
Schock-Werner: Es besteht aus 11.250 Glasquadraten aus 72 Farbtönen, je 9,4 mal 9,4 Zentimeter groß. Als Vorbild diente Richter eines seiner eigenen Werke, das abstrakte Bild „4.096 Farben" von 1974, das heute im Museum Ludwig hängt. Die Quadrate des Fensters sind wie die übrigen Domfenster aus mundgeblasenem Antikglas. Sie haben auch denselben Farbkanon, damit sich das Werk in die Umgebung einpasst. Es sollte zwar ein entschieden zeitgenössisches Fenster werden, sich aber auch in die Gesamtverglasung einpassen. Dass gerade Gerhard Richter die Demut aufbrachte, sich in der Farbigkeit derart zurückzunehmen, finde ich toll. Zeitgenössische Fenster in alten Räumen negieren in ihrer Farbigkeit und Kleinteiligkeit ja oft den historischen Bestand. Das sollte hier nicht geschehen. Ich glaube, das ist gelungen.
puk: Was meinen Sie mit „entschieden zeitgenössisch"?
Schock-Werner: Ich wollte kein historisierendes Fenster. Ursprünglich hatte das Domkapitel sich die Märtyrer des 20. Jahrhunderts als Motiv gewünscht. Das hätte einer figürlichen Glasmalerei bedurft. Anfangs fand ich die Idee gut – bis ich feststellte, dass es keine zeitgenössische figürliche Glasmalerei gibt, die mit dieser Aufgabe fertig wird. Es ist ein Unterschied, ob sie eine Heiligenfigur für das Seitenschiff einer kleinen Gemeindekirche fertigen oder ob sie für eine Riesenfläche im Dom gedacht ist. Das ist keine Aufgabe unserer Zeit. Deshalb gibt es auch keinen Künstler, der das wirklich im Griff hätte. Inzwischen wurde mir das von vielen Seiten bestätigt.
puk: Hatten Sie auch Sorge, dass das Fenster kitschig werden könnte?
Schock-Werner: Ja, es bestand die Gefahr von Kitsch, oder eher von Peinlichkeiten. Hinzu kam, dass Heilige wie Edith Stein und Maximilian Kolbe immer nur Schwarz getragen haben – das ist keine Glasfarbe. Dann hätten wir sechs schwarze Figuren auf dem Fenster gehabt. Eine andere Idee bestand darin, die Apokalypse des 20. Jahrhunderts zu zeigen, weil die meisten der Märtyrer ja im Konzentrationslager oder als Folge davon gestorben sind. Die Apokalypse hätte man auch abstrakt darstellen können, in drohenden, düsteren Farben. Aber das geht einfach nicht im Südquerhausfenster, durch das die meiste Sonne dringt. Dort mussten bunte Farben hin. Aber eine bunte Apokalypse konnte ich mir schlicht nicht vorstellen.
puk: War es schwierig, die Richter-Idee durchzusetzen?

Schock-Werner: Es gab selbstverständlich ausführliche Diskussionen im Domkapitel. Aber das ist das gute Recht eines Bauherrn. Es war eine echte Herausforderung für das Domkapitel, sich schließlich gegen die Märtyrer-Darstellung und für Gerhard Richter zu entscheiden.
puk: Richters Werke erzielen am Kunstmarkt Höchstpreise. Wie haben Sie das Fenster finanziert?
Schock-Werner: Richter hat von Anfang an gesagt, dass er kein Honorar möchte. Aber das Fenster ist an sich teuer genug. Es kostet in der Fertigung und Einsetzung 370.000 Euro ohne Nebenkosten. Das Geld haben wir durch viele kleine und große Spenden zusammenbekommen – insgesamt sind es fast 1.000 Stifter geworden. Dompropst Norbert Feldhoff wollte damit zeigen, dass ganz viele Leute hinter dem Fenster stehen. Außerdem war es schon im Mittelalter so, dass Domfenster von Stiftern bezahlt wurden. Derzeit kehren auch die Domfenster des 19. Jahrhunderts in den Dom zurück – ebenfalls ausschließlich durch private Stifter.
puk: Haben die Farbquadrate denn eine religiöse Aussage?
Schock-Werner: Ich sage immer, in dem Fenster sind alle Bilder enthalten. Es enthält die ganze Farbskala und damit den gesamten Kosmos, die ganze Schöpfung. Im Grunde ist es ein ganz religiöses Fenster. Auf eine simple Symbolik wie Ewigkeit würde ich es aber nicht bringen. Es gibt sicher Leute, die lieber einen konkreten heiligen Antonius sehen, um ihre Anliegen vorzutragen. Aber wenn man auf das Fenster schaut, hat es einen meditativen Charakter. Man muss sich Zeit dafür nehmen, um die Farben zu sehen und das Licht. Es gibt auch Spiegelungen, im Maßwerk engere und in den Bahnen weitere. Das Fenster kann empfindlich für das Religiöse machen. Es kann eine Atmosphäre schaffen, die für das Religiöse öffnet.
puk: Wir verändert das Fenster den Dom?
Schock-Werner: Ich war überrascht, wie selbstverständlich es sich nun in die Umgebung einfügt hat. Durch die Farbmischung, die über die gesamte Skala reicht, kommt ein wunderschönes Licht in den Dom. 113 Quadratmeter Farbe sind einfach schön.
puk: Ist es erlaubt, Schönheit in den Dom zu bringen?
Schock-Werner: Ja, zu allen Zeiten hat man versucht, Schönheit in den Dom zu bringen. Das sieht man an den Fußböden, den Wandmalereien, am Dreikönigsschrein und an den anderen Fenstern. Sie sind kostbar und sehr schön gestaltet. Es gilt das alte Prinzip, dass für den Dienst am Herrn das Schönste und das Beste gut genug ist. Deshalb kann ich für ein neues Fenster auch nicht irgendeinen Künstler nehmen, sondern muss mich bemühen, den besten zu finden. Übrigens waren auch ungewöhnliche Kunstwerke im Dom immer üblich. Das Gero-Kruzifix zum Beispiel muss in seiner Zeit ein ungeheuer revolutionäres Kunstwerk gewesen sein, das viele Diskussionen ausgelöst hat. Es zeigt den toten Christus in einem Realismus, der zuvor nie da gewesen war. Das nehmen wir nur heute nicht mehr wahr. Kirchenkunst war also auch zu früheren Zeiten nicht immer leicht konsumierbar oder konsensfähig.
puk: Richter hat 2004 den Kunst- und Kulturpreis der deutschen Katholiken bekommen. Ist er ein religiöser Künstler?
Schock-Werner: Sicher nicht in dem Sinn, dass er Heilige malt. Er ist bestimmt kein vorab religiöser Künstler. Aber was ist ein vorab religiöser Künstler? Der Glasmaler Johannes Schreiter zum Beispiel gilt als frommer Mann. Das kann man überall lesen. Aber auch bei ihm gibt es keine Heiligenfiguren. Seine Werke sind mindestens so abstrakt wie die von Richter. Bei Schreiter aber fragt niemand nach, ob er fromm ist – weil es schon überall steht. Bei Richter dagegen ist es für viele verwunderlich.
puk: Das Domfenster ist Richters erstes Werk für eine Kirche. Er sagt, zuvor habe ihn nie jemand gefragt. Hat die Kirche Berührungsängste gegenüber der Gegenwartskunst?
Schock-Werner: Es ist sicher manchmal der Faden zwischen allgemeiner Kunst und Kirchenkunst gerissen. Man unterscheidet zwischen zeitgenössischen Kirchenkünstlern und zeitgenössischen Nicht-Kirchenkünstlern. Ungewöhnlich ist daher, dass nun ein zeitgenössischer, erfolgreicher Nicht-Kirchenkünstler in einer Kirche arbeitet. Das passiert parallel aber in zwei weiteren Kölner Kirchen: Markus Lüpertz schafft ein Fenster für Sankt Andreas und Sigmar Polke eines für Sankt Kunibert. Damit wird hoffentlich für die Glasmalerei eine Tür aufgestoßen, damit sie aus dem Schneckenhaus herauskommt. Ich wünsche mir, dass nicht nur auf Glas spezialisierte Künstler Fensterentwürfe machen, sondern

auch solche, die sonst meist Bilder malen. Das haben auch alte Meister wie Albrecht Dürer oder Hans von Kulmbach gemacht.

puk: Lüpertz hat einmal beklagt, dass es in Kirchen oft an ästhetischem Bewusstsein mangele – geschmacklose Vasen, lieblose Blumendekos, schlecht gemalte Drittwelt-Plakaten. Stimmt das?

Schock-Werner: Da ist sicher etwas dran. Die Gemeindemitglieder, die sich um so etwas kümmern, sind nicht für solche ästhetischen Fragen geschult. Es gibt auch in vielen deutschen Wohnzimmern Dinge, die nicht zusammenpassen. Auch nicht jeder Pfarrer ist ein Ästhet. Aber es wäre wichtig, darauf in Zukunft mehr Wert zu legen. Das gilt auch für Teppiche in Kirchen. Mir tut es manchmal weh, wenn am Altar irgendein falscher Perser oder ein Stück Auslegware liegt. Wenn Gläubige in eine Kirche kommen, sollte es anders aussehen als zu Hause oder in der Mehrzweckhalle. Es gilt eben: Das Beste ist für den Dienst am Herrn gut genug.

puk: Die Kirche hat über die Jahrhunderte eine reiche Kulturtradition entwickelt. Herausragende Künstler, die religiös-existenzielle Fragen stellen, gibt es auch heute. Sie sind aber selten kirchlich gebunden. Sollte die Kirche dennoch ihre Nähe suchen?

Schock-Werner: Ja, die Kirche sollte da mutiger sein. Egal, ob es um ein Wandbild, Altarbild, Kerzenleuchter, einen neuen Teppich, oder ein Glasfenster geht: Die Kirche sollte nicht zuerst fragen, ob ein Künstler katholisch oder evangelisch ist. Sie sollte fragen, ob er oder sie uns etwas zu sagen hat oder ob er oder sie mit einer bestimmten künstlerischen Aufgabe fertig werden kann.

Zuerst erschienen in politik und kultur September – Oktober 2007

Friedhelm Mennekes SJ

Neue Kunst in alter Kirche: Die *Kunst-Station Sankt Peter* in Köln

Was soll die Kunst in den Kirchen? Was kann sie, was nicht? – Das sind Fragen, die viele in der Kölner Gemeinde Sankt Peter bewegen. Sie setzt sich damit praktisch und initiativ seit 1987 auseinander, indem sie ihre *Kunst-Station* gründete und sich damit in einen permanenten Diskurs stellte. Ausstellungen finden hier statt, auf höchstem internationalen Niveau und in großem Ernst, auf Seiten der Kirche wie der Künstler, mit wachem Interesse des Erzbischofs und der Kunstkritik. Dabei ist der Ausgangspunkt für Antworten auf die eingangs gestellten Fragen die Fraglichkeit der Kunst selbst und natürlich der Kunst in der Kirche. Für diesen Nullpunkt sorgt bereits die Bibel. Die Devise *Kein Bild!* führt in die frühe christliche Praxis. Bilder von Gott und Bilder in Gotteshäusern sind problematisch. Daran wird in geradezu rhythmischer Wiederkehr – allen zwischenzeitlichen Bildeuphorien zum Trotz – in allen Zeiten des Umbruchs zu erinnert, und dies nicht nur zu den Zeiten großer Reformationen, sondern auch in den vielen kleinen Initiativen einer *ecclesia semper reformanda*. Nicht als verlören dann jegliche Bilder ihre Chancen, aber ihr Wert wird neu bedacht, ihr Sinn neu entdeckt; dafür stehen schließlich alle Gegenreformationen – und viele Heilige, von Bernhard über Franziskus und Bonaventura bis hin nicht nur zu Ignatius.

Vor jeglicher Frage nach der Kunst und ihrem Verhältnis zum Glauben steht die nach dem Raum, dem sakralen Ort, an dem eine liturgische Feier stattfinden soll. Sein Charakter ist – ob architektonisch oder liturgisch betrachtet – zunächst die Leere. Der *heilige* Raum ist für die Menschen aller Zeiten zunächst ungewohnt karg. Seine Qualität bezieht er eher von der Topographie oder den Geschichten, die sich um ihn herum ranken, als von seiner konkreten Ausstattung.

Je mehr sich der Blick des Besuchers auf solche Räume selbst richtet, umso stärker ist er bei sich selbst, das ist eine Erfahrung. Der Grund, einen solchen Raum aufzusuchen, liegt eben in seinen Fragen und Nöten und Ahnungen. Der *sakrale* Raum hat ein inneres Echo im Menschen selbst; erst dieser Einklang macht ihn zu *seinen* Raum; denn der *innere Raum* des Menschen ist seine Freiheit. Hier ordnet er seine Erfahrungen, hier kann er am Ende *selbst-entfaltend* wohnen.

Dass die Kunst eindrucksvoll Glaubensinhalte gestalten kann, ist ein unbestrittener Tatbestand. Dass diese aber jeweils zeitlich bedingt sind, ebenso. Viele Tausende von Belegen sind uns dafür aus der Kunst bekannt. Je qualitätsvoller allerdings diese Werke, desto weniger ging der Glaube darin auf. Die großen Künstler verhandelten neben dem Glauben eben immer auch die Kunst selbst, ihre Fragen nach der Kunst. Das gilt beispielsweise für Fra Angelico ebenso wie für Michelangelo, für Matthias Grünewald wie für George Rouault, für Henri Matisse wie für Gerhard Richter.

Die Kunst lehnt in einer weit verbreiteten Haltung spätestens seit dem Beginn ihrer modernen Epoche unwirsch die immer wieder eingeengte Frage nach den Inhalten und den Illustrationen des Glaubens ab. Wenn wichtige Künstler sich in der Kirche selbst nicht mehr ernst genommen fühlen und entsprechende Aufträge und alle Gespräche drumherum ablehnen, dann mag das von Seiten der Kirche zwar zu bedauern sein, aber etwas anderes als dies zu respektieren, bleibt ihr nicht übrig. Will die Kirche der Kunst begegnen, muss sie sich auf sie einlassen. Dies allerdings lohnt sich, denn mit der Ablehnung der Kirche geht nicht die des Glaubens einher. Das belegt das reiche Spektrum vieler religiös bedingter oder motivierter Kunstwerke gerade in der Moderne. Doch diese sind stilistisch und inhaltlich anderer Art als die der früheren Kunst. Darum findet auch der Aufruf, die Kirchen weitgehend leer zu räumen, nicht seinen Sinn in der Leere selbst, sondern in der Freiheit für eine neue Auseinandersetzung zwischen Kunst und Glaube. Entscheidend bei einem neuen Umgang mit der Kunst ist der Respekt der Kirche vor der beanspruchten Selbständigkeit der Kunst und die Suche nach neuen Wegen der Begegnung innerhalb eines gemeinsamen Kulturfeldes. Das bedeutet die Infragestellung der dominant illustrativen Funktion der Kunst in der Kirche und die Relativierung der traditionellen Ikonographie; das heißt aber auch: Öffnung zur Form als solcher und zum kreativen Umgang mit ihr. Als Fazit ergeben sich aus dem Dargelegten sieben Grundsätze für einen neuen Umgang mit der Kunst in der Kirche:

1. Der Geschichte der christlichen Ikonographie als Illustration des Glaubens ist abgelaufen.
2. Nur die Leere kann dem Kunstwerk die Chance eröffnen, in den Raum hinein zu wirken.
3. Der Sinn neuer Kunst besteht in einer atmosphärischen Aufladung des sakralen Raums.
4. Neue Kunstwerke sollten nur zeitlich begrenzt in die Kirche Eingang finden.
   (Georg Baselitz: *Bilder, die nicht neu sind, sieht man nicht!*)
5. Jedes neue Werk braucht die Vermittlung einer kritischen Auseinandersetzung.
6. Kunst und Glaube sollten sich gegenseitig in Frage stellen, eher robust als zimperlich.
7. Im erneuerten Sehen hat die Kunst ihr Ziel, nicht im Besitz eines oder mehrer Werkes.

Ein konkretes Beispiel aus der mehr als zwanzig Jahre lang anhaltenden theoretischen und praktischen Auseinandersetzung mit den angesprochenen Problemen sei im Folgenden angesprochen. Es ist die Intervention im sakralen Raum von Sankt Peter durch Christian Boltanski (geb. in Paris 1944). Eine Ausstellung nicht für die Kölner Kunstszene wolle er machen, sondern für die Menschen, die in Sankt Peter zur Messe gehen, sagte der Franzose bei der Planung zu seiner Installation. Er habe ganz persönliche Zugänge zur Liturgie und zur Religion. Sein Vater war ein aus Polen stammender Jude, seine Mutter eine korsische Katholikin. Auf dieser biographischen Basis wollte er durch seine Arbeit die Menschen zu einer sinnlicheren Erfahrung des sakralen Ortes und zum besonderen Charakter einer liturgischen Zeit bringen. Darum gehörte für ihn neben der konkret gewählten Kirche auch ein bestimmter Zeitpunkt. Es sollte der Mai sein, die Zeit des Frühling, des Mariengedenkens und all dessen, was sich sonst noch in dieser Zeit in einer Kirche ereignet, wie Messe, Muttertag, Hochzeit, Taufe, Beichte, Trauer, Fragen...

Kirchen seien Orte des Fragens, der entscheidenden Fragen, so der Künstler. Dadurch unterschieden sie sich von anderen Orten, etwa denen der Kunst. Fragen eindringlicher zu stellen helfen, das sei sein Ziel als Künstler. Diese Einstellung ist aber durchaus nichts Neues, denn in der hochgradig reflektierten Barockzeit beispielsweise war es vielmals der Malerei in Kirchen darum gegangen, die Menschen durch sinnliche Erfahrungen eindringlicher in den Glauben einzubinden. Nicht zuletzt deswegen wurden zu bestimmten Festen eigens Künstler beauftragt, eine Kirche zu einem bestimmten Fest besonders auszugestalten.

Christian Boltanski sieht sich mit dieser Ausstellung ausdrücklich in diese Tradition. Auch er versteht sich als Maler, wenn auch nicht im tradierten Sinn als einer, der mit Farben und Pinseln seine Bilder entwirft. Er stellt in seinen Arbeiten Gegenstände zusammen, die er als visuelle Elemente begreift. Es sind Alltagsobjekte, die Erinnerungen wachrufen, und solche, an denen sich symbolische Bedeutungen entfalten. Damit verändert er die Sichtweise von Menschen. Das zeigte sich in seiner sehr vielgestaltigen Intervention.

Der Weiße Sonntag und die Erstkommunion der Gemeinde waren gerade vorbei. Die 35 in weißen Kutten, von den Kindern während der Vorbereitung auf das Fest wie kleine Mönche sonst Woche für Woche getragen, hingen wieder in den Schränken und warteten auf den nächsten Kurs. Jetzt holte sie der Künstler hervor und verteilte sie in unterschiedlicher Höhe unter der gotischen Decke in den Seitenschiffen. In den Netzgewölben hatten sie ihren Raumbezug, in unsichtbaren Drähten ihren Halt. Um die Hängevorrichtung der Bügel drapierte er die Kapuzen, so dass die kleinen weißen Textilien wie schwebende Wesen aussahen, zwar nicht in Reih und Glied, aber doch durch die schmalen Seitenschiffe wie zu einer Prozession geordnet. Wohin?

Die Kirche besitzt eine lange Tauftradition, seit 1140. Der laufende Band des Taufbuches beginnt im Jahre 1941. In die romanische Taufkapelle heftete Boltanski die kopierten und auseinander geschnittenen Eintragungen an die Wand. 2.373 Namen weist dieses Urkundenbuch bis Ende 2007 auf. In den beiden Kriegsjahren 1941/42 waren es noch leicht über 100 Taufen jährlich. Dann brachen die Zahlen ein: 1943: 54, 1944: 6, 1945: 0. Nach dem Krieg gab es bis Ende der 50er Jahre nicht mehr als 4-6 Taufen. Erst als die Jesuiten in der zerbombten Gemeinde eine Stadtseelsorge begannen, schwangen sich die Taufzahlen nach und nach bis heute jährlich gegen 70 bis 80 Taufen auf. Das machten u.a. die kleinen Zettel an der Wand anschaulich. Als Stolz? Als Memoria?

Im Gotteshaus selbst roch es in diesem Mai stark nach Heu. Doch niemand hielt das für möglich und transformierte den Eindruck in einen undefinierbaren Geruch. Vielleicht ein neuer Weihrauch? Erst der Gang auf die Empore identifizierte den ersten Eindruck mit der Wirklichkeit. Dort waren mehr als 20 große Heuballen auf dem Boden verteilt. Wie auf einer Wiese konnte man durch das etwa 20cm hohe Heu waten. Woche für Woche wurden bunte Blumenblüten ins Heu verstreut. Die Leute brachten sie aus ihren Gärten mit und verteilten sie am Wochenende, bis die bunten Rhododendron-, Tulpen-, Rosenblütenblätter ihre Farben verloren und dann selbst zu Heu wurden. Auch hier wurden Erinnerungen aufgeworfen, an die Heuernte, an Heuballen, Heuschober... Frühling über Frühling?

Über die 16 Lautsprecher der Kirche war ein permanentes Geflüster in unterschiedlichen Sprachen aus allen Kontinenten akustisch zu vernehmen. Kein Wort war deutlich zu hören. Nur wenn der Besucher neugierig und lange genug sein Ohr an einen der Lautsprecher geduldig hielt und wartete, bis eine Sprache erklang, deren er mächtig war, konnte er den erregt und geheimnisvoll geflüsterten Anfang einer Liebesbeziehung hören, die an die 100 Kunststudenten auf Bitte des Künstlers erzählen sollten. Als gestandenes Geheimnis?

Boltanski nahm mit solchen und anderen Arbeiten die Kirche als Ort des Fragens ernst. Durch seine Ausstellung sollten die Menschen im Bild das Leben stärker erspüren. Bilder seien Spiegel, sagte er. Sie gäben Impulse zur eigenen Auseinandersetzung, sie fragten nach der eigenen Identität, nach den Erinnerungen aus der Vergangenheit und ihre Bedeutung für jetzt und für die Zukunft. Das sei genau die Chance, welche die Kirche und die Kunst den Menschen auf ihren Wegen mitgeben könnten – wenn sie intensiver und füreinander sensibler zusammenwirken würden.

Kunst und Glaube sind heute zwei voneinander unabhängige Faktoren des kulturellen Lebens. Dennoch berühren oder überlagern sie sich auf ganz verschiedenen Ebenen, so regelmäßig wie verblüffend, ohne dabei ineinander aufzugehen oder sich gegenseitig illustrierend in Dienst zu nehmen. Das zeigte sich später in Sankt Peter bei der Suche nach einem neuen Altar ebenso wie in dem Bedürfnis nach zeitgemäßen und künstlerisch anspruchsvollen liturgischen Gewändern, um nur zwei weitere Beispiele für mögliche Berührungen zwischen Kunst und Liturgie zu nennen.

Generell gesehen, lässt das ästhetische Bemühen um die rechte Gestaltung sakraler Räume die Kirchen unter bestimmten Voraussetzungen selbst wieder zu einem mehrdimensionalen Bild, um nicht zu sagen, zu einer existentiellen Bühne werden. Die in dieser Kirche aufgestellten Kunstwerke sollen dem Menschen keine Antworten auf ungestellte Fragen liefern, sondern Wege zu einem persönlichen Glauben und zum Fragen selbst erwecken. Letztlich weisen derart geöffnete Kirchenräume dem Gläubigen wie dem interessierten Betrachter Spuren des unvorstellbaren Gottes in dieser Welt. Im Leben und in der Botschaft Jesu sind diese Wege vorgezeichnet, im Kirchenraum werden sie in verschiedenen Weisen ausgelegt. Ob der Mensch von heute ihre Wahrheit entdeckt oder berührt, hängt allerdings von den eigenen Bewegungen ab, in denen er solchen Fingerzeigen nachgeht. Die Kirche und ihre ästhetische Gestaltung selbst versuchen nur, die Atmosphäre zu verdichten. Der sakrale Raum lässt Hinweise aufstrahlen, Hinweise auf das Göttliche. Aber der Betrachter muss ihnen nachgehen. Erst dann werden sie lebendig. Sankt Peter versucht hier, eine Hilfestellung zu geben.

Zuerst erschienen in politik und kultur November – Dezember 2007

Olaf Zimmermann

Bilderverbot, Bilderkult, Bildersturm – Ein kardinales Machtwort und die zeitgenössische Kunst

Der Kölner Kardinal Joachim Meisner hat sich innerhalb weniger Wochen gleich zweimal deutlich in der Wortwahl vergriffen. Vor einigen Wochen war im Kölner Dom ein neues von Gerhard Richter gestaltetes Fenster eingeweiht worden. Kardinal Meisner war dem Festgottesdienst ferngeblieben und hatte später das Kunstwerk scharf kritisiert. Diese passe eher in eine Moschee als in den Dom, da es nicht den christlichen Glauben widerspiegele. Bei dem Festgottesdienst im Kölner Dom zur Eröffnung des Kunstmuseums Kolumba in Köln sagte er kurze Zeit später: „Dort, wo die Kultur vom Kultus, von der Gottesverehrung abgekoppelt wird, erstarrt der Kult im Ritualismus und die Kultur entartet".

Bei der Bewertung von Kunst gibt es glücklicherweise oft unterschiedliche Meinungen. An Kardinal Meisners kulturellen Rundumschlägen ist deshalb nicht seine Meinung zur Kunst zu kritisieren, sondern seine, für einen hohen Würdenträger der katholischen Kirche, erstaunlich unbedachte Wortwahl. Doch das Wichtigste ist, dass der Kardinal das Richter-Fenster im Kölner Dom nicht verhindern konnte. Das ärgert ihn offensichtlich so sehr, dass er das richtige Maß bei seiner Kritik verloren hat. Kardinal Meisner steht mit seiner Kritik auch in der katholischen Kirche erkennbar auf verlorenem Posten.

Doch die Frage drängt sich auf, ist hinter der verbalen Entgleisung vielleicht doch mehr als nur ein Fünkchen Wahrheit zu finden. Kardinal Meisner hat in einer Art Richtigstellung in der Frankfurter Allgemeinen Zeitung seinen heftig kritisierten Satz umformuliert: „Dort, wo die Kultur – im Sinne von Zivilisation – vom Kultus – im Sinne der Gottesverehrung – abgekoppelt wird, erstarrt der Kultus im Ritualismus, und die Kultur nimmt schweren Schaden. Sie verliert ihre Mitte."

Nun könnte man es sich einfach machen und sagen, dass in einer weitgehend säkularisierten deutschen Gesellschaft die „Mitte" sowieso nicht mehr vom Kultus bestimmt wird und die Mahnungen des Kardinals damit ins Leere laufen. Doch die von Kardinal Meisner belebte Diskussion richtet sich in Wahrheit gar nicht an die Gesellschaft, sondern ist eine Mahnung an die eigene Kirche. Für was braucht man Kunst in der katholischen Kirche? Kardinal Meisner hat keinen Hehl daraus gemacht, dass er statt des abstrakten Fensterbildes von Gerhard Richter lieber eine figürliche Visualisierung der biblischen Geschichte und der Heiligen im Kölner Dom gesehen hätte. Und hier lodert der alte Kulturkampf des Christentums wieder auf. Vom Bilderverbot über den Bilderkult, über den protestantischen Bildersturm bis zur mühsamen Anerkennung der Autonomie der Kunst reicht das 2000-jährige wechselhafte Verhältnis zwischen Kirche und Kunst.

Das Wesen der Kunst in unserer Zeit ist die auftragslose Freiheit. Eine Freiheit, die sich viele Künstler durch ökonomische Bedrängnis erkaufen. Es geht den meisten Künstlern nicht um Illustration, ihre Werke sind nicht für den Kult geschaffen. Und auch das neue Fensterbild von Gerhard Richter im Kölner Dom ist in diesem Sinne keine religiöse Auftragsarbeit, sondern eine ästhetische Antwort auf einen kultischen Raum, was seine andächtige Wirkung nicht schmälert. Dass im Angesicht dieses Werkes besonders die katholische Kirche wieder einmal um die Frage ringt, welche Rolle Kunst bei der Verkündigung einnehmen soll, ist legitim und auch notwendig. Letztlich zeigt die Art und Weise, wie diese Diskussion geführt wird, aber auch eine Angst vor der unkontrollierbaren Kraft der Kunst, die sich glücklicherweise auch durch ein kardinales Machtwort nicht bändigen lässt. Hier sind sich Religion und Kunst, in ihrem Absolutheitsanspruch ähnlich und deshalb nur selten „ein Herz und eine Seele".

Zuerst erschienen in politik und kultur November – Dezember 2007

Daten und Fakten zum Kulturengagement der Kirchen

Vicco von Bülow

Daten zum Kulturengagement der Evangelischen Kirche in Deutschland und ihrer Gliedkirchen

Der Ort der Kultur in der evangelischen Kirche

„Räume zu gestalten, in denen Religion und Kultur miteinander ins Gespräch kommen, ist eine Herausforderung für evangelische Kirchen. Der christliche Glaube lässt sich nur in konkreter und damit kulturell bestimmter Gestalt leben. Damit ist er immer schon Teil der Kultur. Zugleich enthält er Kraft der Unterscheidung von Gott und Welt eine eigene, unverwechselbare Sicht auf alle kulturelle Welt- und Selbstdeutungen des Menschen. Gerade darin ist er für die Kultur unverzichtbar." So steht es in der Einleitung zu: Räume der Begegnung. Religion und Kultur in evangelischer Perspektive. Eine Denkschrift der Evangelischen Kirche in Deutschland und der Vereinigung Evangelischer Freikirchen, i.A. des Rates der EKD hg. vom Kirchenamt der EKD, Gütersloh 2002.

Kultur hat ihren festen Platz in den 16.200 evangelischen Kirchengemeinden in Deutschland, in den 8.953 evangelischen Kindertagesstätten, den 975 evangelischen Schulen, den 16 evangelischen Akademien und an vielen anderen Orten. Exemplarisch kann ferner der seit 1949 im Rhythmus von zwei Jahren stattfindende Deutsche Evangelische Kirchentag (DEKT) genannt werden, der ein beachtliches Kulturprogramm organisiert und anbietet. Am 30. DEKT in Hannover (25.–20.09.2005) waren von 102.428 Dauerteilnehmenden 4.888 (in 250 Gruppen) in den Bereichen Musik/Theater/Kleinkunst beteiligt, 4.445 (in 340 Gruppen) bei den Bläserchören, 2.661 (in 130 Gruppen) bei den Vokalchören; 2.235 Teilnehmende gehörten zu der Gruppe der weiteren Mitwirkenden/Künstler. Das kulturelle Angebot des DEKT stieß auf großes Interesse bei den 43.937 Tagesteilnehmenden sowie den 781.000 weiteren Teilnehmenden (davon allein 240.000 bei den großen Open-Air-Veranstaltungen und -Konzerten).

Die meisten der 23 Gliedkirchen der Evangelischen Kirche in Deutschland (EKD) haben – zumeist neben neben- oder ehrenamtliche – Kunstbeauftragte ernannt, die die Kunst- und Kulturarbeit in der jeweiligen Landeskirche koordinieren; sie sind in der Ständigen Konsultation der landeskirchlichen Kunst- und Kulturbeauftragten organisiert.

Seit 2006 gibt es ein Kulturbüro der EKD mit einer hauptamtlichen Kulturbeauftragten des Rates der EKD. Ihr steht ein Kulturbeirat mit Künstlern und Kulturvertretern aus verschiedenen Sparten zur Seite.

Literatur und Buch

1. Es gibt 1.030 evangelische Büchereien, davon die große Mehrzahl in Gemeinden und viele in Krankenhäusern und Heimen, mit einem Bestand von 3,1 Mio. Medien (davon 92% Bücher). Für die Erwerbung werden jährlich 1,4 Mio. € aufgewandt. 5.600 überwiegend ehrenamtliche Mitarbeiterinnen und Mitarbeiter entleihen pro Jahr 4 Mio. Bücher und andere Medien an ca. 220.000 Leserinnen und Leser und wenden dabei etwa 580.000 Arbeitsstunden auf. Jährlich finden in evangelischen Büchereien ca. 7.000 Veranstaltungen statt.
2. Der Deutsche Verband Evangelischer Büchereien (DVEB) ist der Dachverband der evangelischen Gemeinde- und Patientenbüchereien. Mitglieder des Vereins sind die zwölf landeskirchlichen Büchereifachstellen bzw. Büchereiverbände sowie 16 einzelne Bibliotheken in den östlichen Landeskirchen. Die wichtigste Aufgabe des Verbandes ist die Bereitstellung geeigneter Arbeitshilfen und Weiterbildungsangebote für den großen Kreis der ehrenamtlich Mitarbeitenden. Der DVEB bietet in Zusammenarbeit mit den landeskirchlichen Büchereifachstellen die Ausbildung zur Büchereiassis-

tentin/zum Büchereiassistenten im kirchlichen Dienst an. Er gibt den Evangelischen Buchberater heraus, eine vierteljährlich erscheinende Rezensionszeitschrift mit über 1.500 Besprechungen jährlich von Neuerscheinungen aus den Bereichen Belletristik, Sachliteratur, Bilderbuch und Kinder- und Jugendliteratur.

3. Mit dem Evangelischen Buchpreis des DVEB in Höhe von 5.000 € werden seit 1979 jährlich wechselnd Romane, Biografien/Sachbücher, Jugendbücher und Lyrikbände ausgezeichnet. Seit 1984 vergibt die Evangelische Akademie Tutzing den Marie-Luise-Kaschnitz-Preis zur Nachwuchsförderung und Anerkennung von Lebenswerken im Literaturbereich; der alle zwei Jahre verliehene Preis ist mit 7.700 € verbunden. Das Gemeinschaftswerk Evangelischer Publizistik (GEP) verleiht alle zwei Jahre gemeinsam mit der Stadt Frankfurt den mit 5.000 € dotierten Illustrationspreis für Kinder- und Jugendbücher.
4. Insgesamt existieren ferner ca. 240 wissenschaftliche Bibliotheken mit einem geschätzten Gesamtbestand von 3-4 Mio. Bänden. Der Verband kirchlich-wissenschaftlicher Bibliotheken ist ein Zusammenschluss von etwa 100 Bibliotheken der evangelischen Landeskirchen und anderer kirchlicher Einrichtungen in Deutschland (und der Schweiz) mit einem Buchbestand von insgesamt etwa 4 Mio. Bänden. Exemplarisch können genannt werden: die Johannes a Lasco-Bibliothek in Emden (Bibliothek des Jahres 2001, ca. 100.000 Bände), die Bibliothek der Forschungsstätte der Evangelischen Studiengemeinschaft in Heidelberg (ca. 56.000 Bände) und die Bibliothek der Kirchlichen Hochschule Bethel (ca. 150.000 Bände).
5. Die evangelischen Kirchenarchive in Deutschland sind zusammengeschlossen im Verband kirchlicher Archive in der Arbeitsgemeinschaft der Archive und Bibliotheken in der evangelischen Kirche. Zur Zeit gehören dem Verband 63 Archive an.

Musik

1. Insgesamt sind 34.820 kirchenmusikalische Kreise mit 529.391 Teilnehmern und Teilnehmerinnen aktiv. Davon sind 18.785 Kirchenchöre (einschließlich Singkreise, Kinderchöre) mit 369.691 Teilnehmern, 7.556 Posaunenchöre mit 99.385 Teilnehmern, und 8 488 sonstige Instrumentalkreise mit 60.315 Teilnehmern. Angeboten werden jährlich ca. 65.000 kirchenmusikalische Veranstaltungen mit über 7 Mio. Besuchern. Im Verband evangelischer Kirchenchöre Deutschlands (VeK) haben sich die Kirchenchorverbände (Landesverbände oder Chorwerke) in der EKD, die Chorwerke der Evangelischen Kirche Augsburgischen und Helvetischen Bekenntnisses in Elsass-Lothringen und in Österreich, der Christliche Sängerbund und der Evangelische Sängerbund zusammengeschlossen. Insgesamt vertritt der VeK ca. 250.000 Sängerinnen und Sänger in ca. 9.860 Chören, darunter ca. 1.820 Kinder- und Jugendchören. Die 31 landes- und freikirchlichen Posaunendienste haben ihren Dachverband im Evangelischen Posaunendienst in Deutschland e.V. (EPiD). Der EPiD organisiert auch die regelmäßigen Deutschen Evangelischen Posaunentage mit ca. 20.000 Bläserinnen und Bläsern.
2. Insgesamt stehen in evangelischen Kirchen 26.500 Orgeln, davon sind 6.500 denkmalgeschützt.
3. Sieben Landeskirchen unterhalten eigene Musikhochschulen.

Architektur, Kirchenbau und Denkmalpflege

1. Insgesamt stehen 75.062 Gebäude im Eigentum der Evangelischen Kirche in Deutschland und ihrer Gliedkirchen, davon 21.088 Kirchen, 2.536 Friedhofskapellen, 3.148 Gemeindezentren mit Gottesdienstraum, 9.409 Gemeindehäuser mit Gemeindesaal, 17.186 Pfarrhäuser, 5.156 Kindertagesstätten und 143 allgemeinbildende Schulen. Davon stehen 25.000 Gebäude unter Denkmalschutz. Die EKD und ihre Gliedkirchen geben 13 % ihrer Ausgaben für die Unterhaltung und Pflege kirchlicher Gebäude und Grundstücke aus, also 1.290 Mio. €.

2. In den evangelischen und katholischen Kirchen und Kapellen hängen ca. 100.000 Glocken, von denen annähend 20% denkmalgeschützt sind.
3. Wissenschaftliche Institute, so z.B. das Institut für Kirchenbau und kirchliche Kunst der Gegenwart als eine Einrichtung der EKD an der Philipps-Universität Marburg und der Evangelische Kirchbautag, beraten die evangelische Kirche.
4. Die Stiftung zur Bewahrung kirchlicher Baudenkmäler (KiBa) ist eine 1997 gegründete Stiftung der Evangelischen Kirche in Deutschland und ihrer Landeskirchen. Das Stiftungskapital beträgt zur Zeit 13,4 Mio. €. Die Stiftung KiBa hat seit 1999 über 250 Förderzusagen für Sanierungsvorhaben von Kirchen in Höhe von mehr als 3,6 Mio. € geben können. Nach der Hochwasserkatastrophe des Jahres 2002 an Elbe und Mulde konnte die Stiftung KiBa aus dem Nothilfefonds der EKD 143 Sanierungsprojekte mit insgesamt 8,9 Mio. € fördern. Im Jahr 2005 konnte die Stiftung KiBa 58 Projekte mit insgesamt 890.000 € fördern. Für das Jahr 2006 sind bisher bereits Förderungen für 62 Projekte mit mehr als 1 Mio. € beschlossen worden. Dem Förderverein der Stiftung gehören über 1.300 Mitglieder an.

Bildende und darstellende Kunst

1. Bildende Kunst findet ihren Ort vielfach in den neu entstehenden „Kulturkirchen", die ihr Profil ganz auf diesen Bereich ausrichten. Exemplarisch kann die Kirche St. Matthäus im Berliner Kulturform genannt werden, die zu der Kunst- und Kulturstiftung der Evangelischen Kirche Berlin-Brandenburg-schlesische Oberlausitz gehört. Immer mehr deutsche Innenstadt-Kirchen arbeiten bewusst als „Citykirchen", die den ganzen Tag offen sind und vielfältige kulturelle Veranstaltungen bieten. Wegen ihrer zentralen Lage sind Citykirchen vielbesuchte Räume des Dialogs zwischen Kirche und Kunst, Kultur oder Politik. In der Bundeskonferenz evangelischer Citykirchen-Seelsorger sind 70 Pfarrerinnen und Pfarrer organisiert.
2. Die viermal jährlich erscheinende ökumenische Zeitschrift „Kunst und Kirche" (Auflage 3.000) wird vom Evangelischen Kirchbautag herausgegeben; sie erschien von 1924 bis 1941 und kontinuierlich seit 1957.
3. Die Gesellschaft für Gegenwartskunst und Kirche e.V. Artheon mit Sitz in Frankfurt versammelt viele, die professionell und ehrenamtlich im Bereich von Kunst und Kirche tätig sind. Sie gibt mit „Artheon. Mitteilungen der Gesellschaft für Gegenwartskunst und Kirche" seit 1986 eine eigene Mitgliedszeitschrift (Auflage 600) heraus und verleiht den Kunstpreis „Freundeszeichen Artheon" (2003 zum vierten Mal).
4. Der Arbeitkreis Kirche und Theater in der EKD veranstaltet seit 1991 im zweijährigen Rhythmus die Theatertage der Kirche.

Medien

1. Das übergeordnete Unternehmen evangelischer Medienarbeit ist das Gemeinschaftswerk der Evangelischen Publizistik (GEP). Es ist am Verleih Matthias-Film beteiligt, am Radiosender Paradiso, an der Nachrichtenagentur Mecoum, an der Filmgesellschaft Eikon und an der Fundraising-Akademie. Das Filmkulturelle Zentrum im GEP vereint seit 2004 die Aufgaben der vormaligen Filmbeauftragung der EKD (seit 1949) und des Fachreferats Film und AV-Medien des GEP. In Zusammenarbeit mit der Evangelischen Akademie Arnoldshain finden seit 24 Jahren die jährlichen Arnoldshainer Filmgespräche statt, die auch in Buchform dokumentiert werden. Eine Jury, deren Geschäftsführung beim Filmkulturellen Zentrum liegt, verleiht regelmäßig die Auszeichnung des jeweiligen Films des Monats, seit 1951 gab es über 600 Nominierungen. Die Zeitschrift epd film ist mit einer Auflage von 11.000 Exemplaren und 7.000 Abonnenten die größte filmkritische Zeitschrift Deutschlands. Der Verleih „Matthias-Film" hat aktuell 700 Videos, DVDs, CD-ROMs und Dia-Reihen im Angebot. An dem internationalen Netzwerk kirchlicher Filmarbeit „Interfilm" ist das GEP ebenfalls mit der

Geschäftsführung beteiligt. Interfilm-Jurys sind auf 15 europäischen Filmfestivals (z.B. der Berlinale) vertreten. Jährlich vergibt Interfilm im Auftrag der John Templeton-Stiftung den mit 10.000 € dotierten Templeton-Filmpreis. Das 1982 gegründete Evangelische Zentrum für entwicklungsbezogene Filmarbeit (EZEF) ist der wichtigste Anbieter in Deutschland für Filme aus Asien und Afrika mit einem Verleih- und Verkaufsangebot von circa 280 Filmen, Videos und DVDs. In den Jahren 2004 bis 2006 besteht eine enge Kooperation mit der Bundeszentrale für politische Bildung und deren Fokus Afrika („Africome"). Um den Jugendschutz zu stärken, entsendet die evangelische Kirche mehr als ein Dutzend Gutachter in die Gremien der Freiwilligen Selbstkontrolle (FSK und FSF).

2. Seit den fünfziger Jahren hat der Rat der EKD eine(n) hauptamtliche(n) Beauftragte(n) für das Fernsehen, der seit 1993 als Rundfunkbeauftragter firmiert. Der Medienpreis der evangelischen Kirche, der Robert Geisendörfer-Preis, wird seit 1983 alljährlich für herausragende publizistische Leistungen deutscher Hörfunk- und Fernsehsender verliehen. Seit 2004 wird ebenfalls eine Auszeichnung für die beste Kinderfernsehsendung vergeben. Die Preise sind insgesamt mit 25.000 € dotiert. Die evangelischen Landeskirchen unterhalten insgesamt 18 Medienzentralen, die in der Arbeitsgemeinschaft Evangelischer Medienzentralen zusammengeschlossen sind. Mit ca. 86.000 Ausleihvorgängen pro Jahr werden ca. 1,8 Mio. Rezipienten erreicht.
3. Die EKD und ihre Gliedkirchen investieren viel in die Internet-Arbeit. Exemplarisch dafür mag der Webfish stehen, der EKD-Internet Award. Er ist eine Auszeichnung des Gemeinschaftswerks der evangelischen Publizistik und der EKD von besonders gelungenen christlichen Internet-Angeboten. Verliehen wird der WebFish seit 1996 in Gold (1.500 €), in Silber (1.000 €) und in Bronze (500 €), ferner gibt es einen Sonderpreis für Innovation (500 €) und den Förderpreis.

Sepulkralkultur

Von den ca. 30.000 Friedhöfen in Deutschland sind ca. 9.500 in evangelischer Trägerschaft; im Jahr 2004 wurden 309.176 evangelische Bestattungen durchgeführt.

Zuerst erschienen in politik und kultur September – Oktober 2006

Jakob Johannes Koch

Das kulturelle Engagement der katholischen Kirche in Deutschland – Zahlen und Fakten

Literatur und Buch

Büchereiarbeit

Statistische Daten

- 2 Büchereifachverbände: Borromäusverein und St. Michaelsbund
- 18 diözesane Fachreferate für Büchereiwesen
- 3.874 kath. öffentliche Büchereien (= 40 % aller öffentlichen Büchereien), überwiegend in Trägerschaft von Seelsorgeeinheiten und Pfarreien
- mehr als 33.000 ehrenamtliche Mitarbeiter (= 95 % aller kath. Bücherei-Mitarbeiter) mit einer durchschnittlichen Arbeitszeit von 9 h/Monat und einer durchschnittlichen Teilnahme von 13,46 h p.a. an Fortbildungen.
- 1.383.260 Bücherei-Benutzer pro Jahr (2005)
- 31.377.781 Entleihungen pro Jahr (2005)
- 11.670 Veranstaltungen jährlich für Kinder/Jugendliche
- 30.124 Veranstaltungen jährlich für Erwachsene
- 3.000 gedruckte Buchrezensionen p.a. durch Büchereifachverbände

Leitbilder und Schwerpunkte

- Steht jedem unentgeltlich offen
- Anteil am pastoralen Bildungsauftrag
- „Diakonische" Förderung des Lesens als elementarer Kulturtechnik
- Förderung selbstorganisierten, lebenslangen Lernens
- Förderung der Persönlichkeitsentfaltung
- Schwerpunkt Theologie und Philosophie, Spiritualität, Weltanschauungsfragen
- belletristisch wertvolle Literatur
- Netzwerk ehrenamtlicher Tätigkeit in der Zivil- und Kirchengemeinde

Zukunftsperspektiven

- Benutzerzahl steigt seit 2004 leicht an
- weiterhin Komplementarität von Haupt- und Ehrenamt bei den Büchereimitarbeiter/-innen
- Zertifizierte Fortbildungsmaßnahmen für ehrenamtliche Büchereimitarbeiter, veranstaltet von den Büchereifachverbänden
- Gezielte Leseförderung für Kinder (Kooperation mit Stiftung Lesen)
- Förderung von Lese-Zirkeln/Literaturgruppen in den Kirchengemeinden, Schulung von Literaturgruppen-Leitern („Projekt Literarische Kompetenz" proliko)
- Themen der Belletristik und Leseförderung werden zunehmend auch in der katholischen Erwachsenenbildung angeboten (Akademien, Bildungswerke)
- Die Buchrezensionen von Borromäusverein und St. Michaelsbund („Buchprofile") erfreuen sich einer zunehmenden Reputation auch bei säkularen Medien und Bildungseinrichtungen

Wissenschaftliche Bibliotheksarbeit

Statistische Daten
- 158 wissenschaftliche Bibliotheken, davon
- 19 diözesan
- 14 in Priesterseminaren
- 81 in Ordensniederlassungen
- 22 an katholisch-theologischen Fakultäten und kirchlichen Hochschulen
- 22 bei kirchlichen Forschungsinstituten und Verbänden
- Gesamtbestand von 13 Mio. Bänden, 33.000 lfd. Periodika, 11.400 Handschriften, 10.000 Inkunabelnjährlich kommen ca. 100.000 Bände hinzu

Leitbilder und Schwerpunkte
- Humane Wissenschaftskultur
- Pflege von Erinnerungskultur
- Nachhaltigkeit wissenschaftlicher Rezeption
- Rückbindung wissenschaftlichen Arbeitens im sozialen Wertekosmos
- Schwerpunkt Theologie und Philosophie
- affine Human- und Sozialwissenschaften
- virtueller Katalog für Theologie und Kirche (VThK)

Zukunftsperspektiven
- Bereitstellung fundierter wissenschaftlicher Information zur Förderung der Entscheidungskompetenz in der Gesellschaft
- Fachgerechte Konservierung der Bestände (Entsäuerung)
- Kompatibilisierung und Vernetzung digitaler Katalogisierung
- Digitale Retrokatalogisierung physischer Kataloge
- Archivierung wertvoller physischer Unikate durch Digital-Scanning

Musik

Statistische Daten
- 18.860 katholische Chöre und Musikgruppen mit
- 424.707 Laienmusiker in kath. Chören/Musikgruppen, davon
- 3.150 Kinderchöre mit 63.706 Mitgliedern
- 2.018 Jugendchöre mit 36.564 Mitgliedern
- 11.076 Kirchenchöre und Choralscholen mit 300.150 Mitgliedern
- 2.616 Instrumentalgruppen mit 24.287 Mitgliedern
- 2 große Dachverbände: Allgemeiner Cäcilien-Verband (ACV) mit 27
- Diözesanverbänden und Pueri cantores
- 1.567 hauptberufliche Kirchenmusiker
- 17.140 ehren- und nebenamtliche Kirchenmusiker
- 25 berufsqualifizierende Ausbildungsstätten für katholische Kirchenmusik mit 325 Studierendendavon Trägerschaft:
- 18 staatlich
- 2 kommunal
- 2 evangelisch
- 3 katholisch (ab 2007: 2)
- Auslastung der katholischen Hochschulen: 96,7 % 116 Studierende an kath. Hochschulen
- 3 kath. Chor-Internate: Regensburg, Dresden, Hadamar

Leitbilder und Schwerpunkte
- Kirchenmusik ist „notwendige(r) und integrierende(r) Bestandteil der feierlichen Liturgie" (SC 112)
- Der kath. Kirchenmusiker übt neben dem liturgischen auch einen pastoralen Dienst aus: Das von ihm geleitete kirchliche Laienmusizieren ist oft das einzige Scharnier zu der wachsenden Gruppe von Menschen, die religiös nicht mehr sozialisiert sind
- Kirchenmusikpflege als Beitrag zur Wahrung der kulturellen Identität
- Kirchenmusikalische Darbietungen als „kulturelle Diakonie", die vor allem in kulturell strukturschwachen Regionen zum Tragen kommt

Zukunftsperspektiven
- seit 2002 kontinuierlich leichte Zuwächse bei Chören und Ensembles
- seit 1999 signifikante Zuwächse bei Kinder- und Jugendchören
- hauptamtliche Kirchenmusiker werden zunehmend auf übergemeindlicher Ebene als „Multiplikatoren" eingesetzt mit Konzentration auf die Ausbildung und Qualifizierung der Neben- und Ehrenamtlichen
- Bemühungen um die zeitgemäße Fortschreibung eines qualitätvollen volkssprachlichen Kirchenliedes
- „Kinder- und Jugendchorleitung" ist seit kurzem eigenes Fach in der Hauptberuflichen-Ausbildung, auch in den Kirchengemeinden soll ein Schwerpunkt auf musikalische Frühförderung gesetzt werden

Architektur, Kirchenbau, Denkmalpflege

Statistische Daten
- 8 Bauabteilungen mit Dezernats-/Hauptabteilungs-Status in Diözesan-Verwaltungen
- 17 untergeordnete Baureferate mit Zuordnung zu unterschiedlichen Hauptabteilungen (Finanzen etc.)
- 27 Diözesan-Konservatoren und Inventarisatoren
- 25 Bischöfl. Glocken-Beauftragte
- ca. 60.000 Gebäude im Eigentum der katholischen Kirche, davon 24.500 Kirchengebäude
- ca. 20 Kirchengebäude sind UNESCO-Weltkulturerbe (z. T. als Einzelobjekte, z. T. im Ensemble)
- seit 1995 bundesweit ca. 50 kath. Kirchen-Neubauten
- seit 1990 bei ca. 1,7 % der kath. Kirchengebäude Beendigung der liturgischen Nutzung
- seit 1990 ca. 0,4 % verkauft oder abgerissen

Leitbilder und Schwerpunkte
- Sakrale Räume als „Abbilder des himmlischen Jerusalems"
- Sakralraum als „Haus Gottes und Haus der Menschen (Wort der Bischöfe „Missionarisch Kirche sein. Offene Kirchen – Brennende Kerzen ..." 2003, II. 2.2)
- Kirchliche Baudenkmäler sind Kristallisationspunkte abendländischer Kultur: Ca. 90 Mio. Menschen besuchen pro Jahr kath. Denkmalgeschützte Gebäude. Die Kirche nimmt mit ihrer Denkmalpflege mithin eine Aufgabe von gesamtgesellschaftlicher Relevanz wahr, die allen zugute kommt

Zukunftsperspektiven
- Die kath. Kirche in Deutschland investiert pro Jahr mehr als 400 Mio. EUR in denkmalpflegerische Maßnahmen
- Bis 2015 wird bei 3 % der kath. Kirchen die liturgische Nutzung beendet
- Die Landesdenkmalämter haben in den meisten Bundesländern ihre Zuschüsse unter 5 % gekürzt
- Die katholische Kirche muss das ca. 19-fache der staatlichen Denkmalzuschüsse indirekt als Umsatz-Steuer auf Renovierungsarbeiten an den Staat abgeben. Dieses Missverhältnis wird ab 2007 noch größer

Bildende Kunst

Statistische Daten
- 18 diözesane Kunstkommissionen
- 6 katholische Kunstvereine
- 3 über/-interdiözesane Kunstvereine
- 10 diözesane Künstler-Seelsorger
- 43 kath. Museen
- mehr als 1.000.000 Mio. Besucher p.a. in kath. Museen
- mehr als 100 Museen mit konzeptioneller und/oder finanzieller Beteiligung der kath. Kirchen
- mehr als 800 Sonder- und Wechselausstellungen pro Jahr in katholischer Trägerschaft
- 3 diözesane Kunstpreise
- 2 überdiözesane Kunstpreise
- 12 Künstler-Stipendiaten der Künstlerförderung des Cusanuswerks, davon 2004 acht Neuaufnahmen
- In 872 kath. Schulen besonderer Schwerpunkt auf künstlerisch-ästhetischer Bildung
- 20 % der Veranstaltungen der 632 kath. Erwachsenenbildungs-Einrichtungen sind dem Bereich
- „Ästhetik/Gestalten" gewidmet (4 % mehr als bei kommunalen Anbietern)

Leitbilder und Schwerpunkte
- Kunst als nicht-diskursiver Weg der Glaubenserschließung
- Sakrale Kunst als nonverbale, sichtbare Bezeugung des göttlichen Heilsgeschehens und bleibende Widerspiegelung des Glaubens ihrer Urheber, Auftraggeber und Stifter
- Dialog auch mit der außerkirchlichen autonomen zeitgenössischen Kunst, da diese „Stimme der universalen Erlösungserwartung" (Johannes Paul II.) sein kann
- Künstlerisch-ästhetische Bildung zur Erlernung sozialer und emotionaler Kompetenz sowie zur Förderung von Kreativität
- Förderung und Fortschreibung künstlerischer Traditionen (z.B. christliche Ikonographie) als Bestandteil abendländischer Kultur

Zukunftsperspektiven
- Die Verpflichtung, die überkommenen sakralen Kunstschätze zu wahren, wird von den Diözesen sehr ernst genommen. Trotz eines gewissen Spardrucks wird hier ein möglichst kontinuierliches Engagement angestrebt
- Seit ca. 1985 gibt es Dialog-Foren zwischen Kirche und zeitgenössischer Kunst. Etliche katholische Institutionen bemühen sich aktuell um eine weitere Intensivierung
- die nicht-kommerzielle Ausrichtung der kirchlichen Kunstarbeit wird auch in der säkularen Öffentlichkeit als wohltuender Gegensatz zum überwiegend auf Vermarktung ausgerichteten weltlichen „Kunstbetrieb" wertgeschätzt
- Das theologische Interesse an der Bildenden Kunst dehnt sich schrittweise über den Bereich der klassischen Ikonographie aus und nimmt auch die zeitgenössischen visuellen Künste als „loci theologici" in den Blick. „Bildtheologie" etabliert sich zunehmend als wissenschaftliche Disziplin

Darstellende Kunst

Statistische Daten
- In den meisten der 872 katholischen Schulen ist das Laien-Schauspiel ein festes Element der musisch-ästhetischen Erziehung
- 2 überörtliche Vereine: Katholische Arbeitsgemeinschaft Spiel und Theater e.V. und Christliche Arbeitsgemeinschaft Tanz in Liturgie und Spiritualität e.V. (ökumenisch)

Anhang

Autorinnen und Autoren

Helge Adolphsen, emerierter Hauptpastor und Präsident des Evangelischen Kirchenbautages und des Kirchenbauinstituts der Evangelischen Kirche in Deutschland

Jochen Arnold, Direktor des Michaeliskloster Hildesheim

Petra Bahr, Kulturbeauftragte der Evangelischen Kirche in Deutschland

Vicco von Bülow, Referent für Theologie und Kultur bei der Evangelischen Kirche in Deutschland

Armin Conrad, Redaktionsleiter von KulturZeit, dem täglichen Kulturmagazin von 3sat

Johannes Friedrich, Landesbischof der Evangelisch-Lutherischen Kirche in Bayern, Mitglied des Rates der Evangelischen Kirche in Deutschland und Leitender Bischof der Vereinigten Evangelischen-Lutherischen Kirche Deutschlands

Max Fuchs, Vorsitzender des Deutschen Kulturrates, Vorsitzender der Bundesvereinigung Kulturelle Jugendbildung, Direktor der Akademie Remscheid

Katrin Göring-Eckardt, Vizepräsidentin des Deutschen Bundestags und kulturpolitische Sprecherin der Fraktion Bündnis 90/Die Grünen im Deutschen Bundestag

Philip Gröning, Regisseur

Wolfgang Huber, Ratsvorsitzender der Evangelischen Kirche in Deutschland und Bischof der Evangelischen Kirche in Berlin-Brandenburg

Jakob Johannes Koch, Kulturreferent im Sekretariat der Deutschen Bischofskonferenz

Thomas Kroll, Mitglied der Katholischen Filmkommission

Karl Lehmann, Kardinal und Bischof von Mainz, Vorsitzender der Deutschen Bischofskonferenz

Markus Lüpertz, Bildender Künstler, Direktor der Kunstakademie Düsseldorf

Peter Maser, Direktor des Ostkirchen-Instituts der WWU Münster, gehörte als Sachverständiges Mitglied der Enquete-Kommission „Zukunft des Bürgerschaftlichen Engagements" des Deutschen Bundestages in der 14. Legislaturperiode an

Viola van Melis, Leiterin der Landesredaktion NRW der Katholischen Nachrichten-Agentur

Friedhelm Mennekes SJ, Pater der Pfarrei St. Peter in Köln

Ingo Metzmacher, Chefdirigent und Künstlerischer Leiter des Deutschen Symphonieorchesters

Heinrich Mussinghoff, Bischof von Aachen, Stellvertretender Vorsitzender der Deutschen Bischofskonferenz und Vorsitzender der Kommission für Wissenschaft und Kultur der Deutschen Bischofskonferenz

Christhard-Georg Neubert, Direktor der Stiftung St. Matthäus

Rolf Pitsch, Geschäftsführender Direktor des Borromäusverein, Vorstandsvorsitzender der Stiftung Lesen, Vorstandsmitglied des Katholischen Medienverbandes und Mitglied des Deutschen Bibliotheksverbands-Beirates

Martin Schindehütte, Leiter des Außenamtes der Evangelischen Kirche in Deutschland

Jörg Schmidt, Generalsekretär des Reformierten Bundes in Deutschland

Barbara Schock-Werner, Dombaumeisterin des Kölner Doms

Gabriele Schulz, Wissenschaftliche Mitarbeiterin des Deutschen Kulturrates

Marius Schwemmer, Schriftleiter der Zeitschrift Musica Sacra

Hartmut Spiesecke, Leitung der Presse- und Öffentlichkeitsarbeit des Verbandes diakonischer Dienstgeber in Deutschland

Thomas Sternberg, Direktor der Katholischen Akademie Münster und Mitglied der Enquete-Kommission des Deutschen Bundestags „Kultur in Deutschland"

Christoph Strack, Leiter des Hauptstadtbüros der Katholischen Nachrichtenagentur

Karsten Visarius, Leiter des Filmkulturellen Zentrums in Frankfurt

Katharina Winnekes, Wissenschaftliche Mitarbeiterin an Kolumba, Kunstmuseum des Erzbistums Köln

Walter Zahner, Leiter der Katholischen Erwachsenenbildung im Bistum Regensburg

Olaf Zimmermann, Herausgeber von *politik und kultur*, Geschäftsführer des Deutschen Kulturrates sowie Mitglied der Enquete-Kommission „Kultur in Deutschland" des Deutschen Bundestags